Emilio De Marchi

Il cappello del prete

PARTE PRIMA

I

IL BARONE E IL PRETE

Il Barone Carlo Coriolano di Santafusca non credeva in Dio e meno ancora credeva nel diavolo; e, per quanto buon napoletano, nemmeno nelle streghe e nella iettatura.

A vent'anni voleva farsi frate, ma imbattutosi in un dotto scienziato francese, un certo dottor Panterre, perseguitato dal governo di Napoleone III per la sua propaganda materialistica ed anarchica, colla fantasia rapida e violenta propria dei meridionali, si innamorò delle dottrine del bizzarro cospiratore, che aveva anche una testa curiosa, tutta osso, con due occhiacci di falco, insomma un terribile fascinatore.

Per qualche anno il barone, detto «u barone», lesse dei libri e prese la scienza sul serio: ma non sarebbe stato lui, se avesse per amore della scienza rinunciato alle belle donne, al giuoco, al buon vino del Vesuvio, e ai cari amici. Il libertino prese la mano sul frate e sul nichilista, e dalla fusione di questi tre uomini uscí «u barone» unico nel suo genere, gran giuocatore, gran fumatore, gran bestemmiatore in faccia all'eterno. Nulla, e nello stesso tempo amabile camerata, idolo delle donne, coraggioso come un negro, e a certe lune fantastico come un bramino.

Noi qui parliamo del barone della sua prima maniera quando non aveva piú di trent'anni. Napoli allora era tutta una festa garibaldina, bianca, rossa e verde. Le donne abbracciavano i bei soldati nella via e alzavano i bambini sulle braccia, perché Garibaldi li battezzasse nel nome santo d'Italia. Innanzi al ritratto dell'eroe si accendevano i lumi e si appendevano corone di fiori, come davanti a San Gennaro e alla Madonna Santissima.

Santafusca prese una parte breve e brillante nelle ultime scaramucce di quel tempo e fu anche ferito alla fronte. Gliene rimase una cicatrice sopra il ciglio..., ma i bei tempi erano passati.

Oggi l'uomo aveva quarantacinque anni, una gran barba nera, un volto abbruciato dal sole e dai liquori, una gran voglia di godere la vita e una miseria profonda.

Non godeva piú credito né presso gli amici, né presso i parenti, ch'egli aveva disgustati colla sua vita dissipata e colla sua bestiale empietà.

Al frate, al nichilista, al libertino si aggiungeva ora un pitocco disperato, costretto a quarantacinque anni a mendicare dieci lire alla sua guardarobiera, se voleva pranzare e bere un cognac.

Al club avevano pubblicato il suo nome nell'albo degli insolvibili, e poiché non pagava piú i debiti del giuoco, tutti lo fuggivano ora come la lebbra.

Sí, il barone Carlo Coriolano di Santafusca si sentí veramente la lebbra addosso quel dí che il canonico amministratore del Sacro Monte delle Orfanelle gli mandò a dire per l'ultima volta che, se entro la settimana non restituiva una cartella di quindicimila lire, il Consiglio d'Amministrazione avrebbe denunciata la cosa al Procuratore del Re.

I Santafusca per antico diritto avevano parte nell'Amministrazione del Sacro Monte, e nella sua qualità di patrono e di consigliere «u barone» aveva più volte pescato nelle strette del bisogno in fondo alla cassa dell'istituto, dando false o poco solide garanzie. Ora i groppi erano venuti al pettine.

Il canonico diceva chiaro:

- Se vostra eccellenza non rende a questa pia Casa la cartella di lire quindicimila, il Consiglio sarà nella dolorosa necessità di portare il fatto davanti ai Tribunali.

Davanti ai Tribunali «u barone» non sarebbe mai andato, questo era certo. Eravamo al lunedí santo e c'eran davanti quasi quindici giorni alla fatale scadenza. In quindici giorni un uomo d'ingegno, che non ha voglia ancora di farsi saltare le cervella, deve trovare la maniera di non andare in prigione.

Quale prigione avrebbe potuto tenerlo dentro? O che non ha piú boschi la Calabria ed è proprio finita la razza dei briganti?

Non era la prima volta che un Santafusca aveva battuta la campagna e un suo avolo, don Nicolò, era stato con Fra Diavolo sei mesi su per le rupi della Maiella ai tempi dei tempi: ma con tutto ciò il barone sentiva che un uomo in quindici giorni non ha tempo neppure di diventare un brigante.

Bisognava adunque trovare qualche altro espediente piú

spiccio e meno melodrammatico. Fuggire? Non era il caso di pensarci, perché quando si è poveri si viaggia male, Chiedere un prestito? A chi, se non c'era piú un cane che gli volesse dare un quattrino? Giocare, tentar la sorte? Nessuno voleva mescolare con lui un mazzo di carte, e poi, non sempre chi giuoca vince.

Non rimaneva che la sua villa di Santafusca, lontana un cinque chilometri da Napoli, che poteva fruttare ancora qualche migliaio di lire, a patto però di vendere fino all'ultimo chiodo, perché un terzo era ipotecato già al marchese di Vico Spiano, un terzo era una rovina e l'altro terzo rappresentava un rifugio, un tetto, un asilo d'un povero uomo sulla terra.

Anche vendendo ciò che rimaneva di netto, non avrebbe potuto raggranellare quindicimila lire e dopo egli sarebbe rimasto un vagabondo intero, nudo nato, senza nemmeno un guanciale per posare il capo.

Se un barone di Santafusca, si noti, contava ancora per qualche cosa nel mondo e se poteva sperar dì trovare ancora un cento lire per la fame e per la sete, questo credito, per quanto avariato, gli proveniva da quel vecchio palazzo, che imponeva ancora un certo rispetto al volgo e che sosteneva colla catena della tradizione un uomo ridotto ormai a far la parte di pulcinella.

Bisognava trovare le quindicimila lire e già eravamo giunti al giovedí santo senza alcun risultato.

Finalmente gli venne in mente prete Cirillo.

Chi era prete Cirillo?

Non v'era donnicciuola o pescivendola o camorrista delle Sezioni di Pendino e di Mercato che non conoscesse «u prevete», che abitava nei quartieri più poveri, in una soffitta chiusa in mezzo ai comignoli delle case, ove non mai scende l'occhio benedetto del sole, e non regna sovrano che il vizio ed il puzzo del pesce, che il popolino frigge sugli usci e nella via.

A vederlo camminare per le strade, non si sarebbe data una buccia di arancia per quel pretuzzo tutto cappello, vestito di un abito polveroso, sotto un mantello verdognolo e ragnoso che faceva da staccio al vento, con un viso tinto proprio come il pesce fritto.

Le mani erano lunghe, magre, lucide, come i fusi d'ulivo,

con unghie piú forti degli uncini che tirano nel porto i barili e ì sacchi del merluzzo.

Le gambette, asciutte come gli stinchi dei santi, andavano a finire in due scarpe sconquassate, grandi come i burchielli che fanno il servizio di cabotaggio tra Napoli e Messina.

Prete Cirillo era un uomo pieno di denari, che egli aveva radunati un poco coll'usura, prestando ai pizzicagnoli, ai pescivendoli, ai galantini della Sezione, e molto colle vincite al lotto. Si diceva che «u prevete» avesse i numeri e, coll'aiuto di certi calcoli cabalistici trovati da lui su un libro vecchio, vincesse al lotto ogni volta che gli piacesse di vincere. A qualcuno aveva anche regalati dei numeri buoni, ma il negromante era geloso e non si lasciava pigliare da tutti.

È in casa del prete Cirillo che noi troviamo ora «u barone», che durante le feste di Pasqua non aveva perduto il suo tempo.

«U prevete» offrí una sedia di legno colle paglie rotte, andò a chiudere l'uscio ben bene, e tornò a sedere davanti a un tavolino ingombro di carte e di libri vecchi. Allora disse «u barone»:

- Avete pensato, don Cirillo?

- Ci ho pensato.

- E la villa l'avete veduta?

- L'ho vista, eccellenza.

- Vi piace?

- Poco mi piace, ma non son lontano dall'acquistarla. Vi do ventimila lire, eccellenza.

- Voi fareste bestemmiare un eremita, don Cirillo. S'era detto quarantamila in principio, poi trenta, ora dite venti, per il sangue di... - «U barone» cominciò a sfilare bestemmie.

- Ebbene ve ne darò trenta, - interruppe il prete che non amava le brutte parole, - ma voi dovete dimostrarmi che la casa è netta da ogni ipoteca.

- Io vi ho giurato che essa è netta come questa mano e un gentiluomo non giura due volte.

- Un gentiluomo non ha bisogno di giurare. Bastano i documenti.

- Voi condurrete con voi il vostro notaio.

- La villa non l'acquisto per me e nemmeno coi denari miei. Che cosa devo farne io, povero servo di Dio, di una villa?

- Uh, chi vi crede? si dice che avete il pagliericcio pieno d'oro.

- Guardate, in nome di Dio, se questa è la casa dei ricco Epulone.

- Si dice che voi avete i numeri del lotto.

- Anche questa è una calunnia della gente ignorante e beffarda. Se io avessi i numeri, sarei ricco, e, se fossi ricco, non vivrei di una piccola messa e sui poveri morti in mezzo a una gente che mi perseguita.

- Non è vero che voi vincete un terno o un quaterno tutte le settimane?

- O pazienza di Dio! e voi potete credere, eccellenza, a queste favole, voi un uomo di mondo? Una volta sola per salvarmi dalle minaccie dei miei nemici ho regalato dei numeri buoni che hanno vinto, e da quel dí non ho più pace, nemmeno sull'altare. Sí, fin nella chiesa sento la voce delle donne che dicono: «O pe l'ammore de Dio damme tre nummere! Fallo pe San Gennaro benedittto!».

Prete Cirillo parlava con affanno, con paura, con sincerità, aprendo le dieci dita di legno, tremolanti in aria.

- Io posso salvarvi da queste persecuzioni, - disse il barone.

- Questo gennaio una masnada di camorristi mi ha sequestrato il corpo e mi ha tenuto rinchiuso in un sotterraneo, minacciandomi di morte e battendomi colle catene, se io non davo i numeri.

- Li avete dati?

- Ho invocato tanto la Madonna del Carmine e il divino Spirito che mi illuminassero e mi salvassero. Li ho dati.

- Son venuti?

- Tutti.

«U barone» alzò la testa e una grande meraviglia gli gonfiò gli occhi. A guardarsi intorno c'era proprio da credere d'essere nella casa del mago.

- Fu la bontà divina che mi ha voluto salvo e non già

qualche virtú cabalistica, come crede la gente: ma da quel giorno la mia pace è morta. Le mie scale son sempre assediate di poverelli che vogliono *li nummeri* e devo spesso rifugiarmi in luogo sacro per non essere preso un'altra volta, incatenato e torturato.

- Ebbene, io vi aiuterò, don Cirillo, ma voi dovete essere piú giusto e star saldo alle quarantamila lire.

- Voi aiutate me, io aiuto voi, eccellenza. Voi salvate me dalle mani dei tristi, io salvo voi... dalla prigione.

«U barone» si mosse dalla sedia e girò intorno gli occhi spaventati, alzando un poco un certo bastone di canna col manico d'argento, a cui di tanto in tanto appoggiava la bocca.

- Non è forse vero che voi dovete per la domenica *in albis* restituire una somma che non trovate piú né in cielo, né in terra?

- Voi siete un padre inquisitore, - mormorò il barone torbido.

- Io dovevo prendere le mie informazioni, non è giusto? Non per questo rinuncio ad aiutarvi; anzi, vi dico, aiutiamoci insieme. Voi avete bisogno di quindicimila lire e io ve ne do trenta. Ve ne darei anche quaranta, se non avessi scoperto che c'è anche un'ipoteca del marchese di Vico Spiano.

- Ha ragione la gente, voi siete un grande strologo e un grande cabalista, - disse ridendo il barone, alzando ancora un poco il suo bastone.

- Dovevo prendere le mie precauzioni, benedetto. E non è forse vero che vi aiuto? il palazzo non lo piglio per me e chi verrà ad abitarlo dovrà spendere altrettanto per adattarlo. Certo che un piccolo guadagno lo devo fare anche per amore dei poverelli che saranno i miei eredi: ma il guadagno vero per me è una condizione che mi permetterà di vivere in campagna, in luogo sicuro, lontano dalle persecuzioni, dove potrò pensare anche ai bisogni dell'anima mia peccatrice.

- Io son sicuro che voi farete di tutto perché anche l'anima mia non vada perduta, - disse il barone, raddolcendo la voce e fingendo una improvvisa compunzione. - Sí, voi sapete che io sono rovinato e che non mi resta piú che Santafusca, ultima trave di un naufragio. Se voi non mi aiutate, io dovrei abbruciarmi le cervella...

«U barone» trasse il fazzoletto e se lo passò tre volte sulle pupille con meraviglia grande di prete Cirillo, che non aveva mai veduto piangere nessuno. E ora quell'empio, peccatore, quel maledetto bestemmiatore di Dio, quello sciagurato libertino, sull'orlo di un precipizio nefando, pregava lui, povero servo di Dio, di aver pietà dell'anima sua.

Un non so che di tenero e di compassionevole risonò al di sotto della fodera metallica di quell'anima avara. Raddolcendo la voce soggiunse:

- Io vi salverò l'anima e il corpo, barone di Santafusca, e se potrò collocare la villa con vantaggio, son uomo giusto e mi ricorderò dei vostri bisogni. Ora voi lasciate subito Napoli e io porterò domani al canonico le quindicimila lire. Giovedì, giorno 4, vengo alla Villa e vi porto il resto e do un addio a questa maledetta città, che è diventata il mio inferno. Ho bisogno di alcuni giorni per accomodare le cose mie e spero che Dio mi aiuterà a salvar voi e a salvar me.

- Io penso proprio che Dio benedetto vi abbia mandato sulla mia strada, - disse il barone, fingendo ancora un'anima compunta e stracciata dal dolore. - Vi aspetto alla Villa e badate che nessuno si accorga della vostra partenza. La gente verrebbe a perseguitarvi fino in paradiso per avere i numeri.

- Lo so, ho già studiato il modo dì ingannare i curiosi.

- Ma portatemi lì denari, per amor di Dio, perché io muoio di fame.

- E voi pensate al notaio.

- Conoscete don Nunziante?

- Molto bene, è un galantuomo.

- Lo condurrò con me e stenderemo il contratto. Addio, don Cirillo.

- Che il Signore vi aiuti, eccellenza. A giovedí.

Prete Cirillo chiuse in fretta l'uscio, perché la gente non avesse a udire le sue combinazioni e si fregò allegramente le mani come chi sa di aver fatto un buon affare. E veramente il furbo vecchietto aveva coltivato con malizia l'orto del diavolo. Egli ragionava cosí:

«Il barone ha bisogno di denaro e non può tirare in lungo le trattative. La villa è desiderata da monsignor arcivescovo, che vuole collocarvi un seminario e un collegio teologico. Monsignor vicario era già incaricato di parlarne al barone e l'avrebbe già fatto, se le funzioni della settimana santa non avessero impedito il degno prelato.

«La Sacra Mensa è disposta a spendere fin centomila lire, perché la posizione è stupenda, né lontana, né troppo vicina alla città e può anche servire di villeggiatura a Sua Eminenza.

«Se arrivo a tempo a stringere il contratto prima della domenica *in albis,* una volta diventato padrone dello stabile e scaricata l'ipoteca del marchese di Spiano, ho, come si dice, il coltello pel manico. Trenta e dieci fanno quarantamila lire, che posso, nel giro di pochi giorni, cambiare in cento. Ne spendessi anche cinquantamila, è sempre un affare luminoso...».

Chiuso nel suo bugigattolo, in mezzo allo squallore della più sordida avarizia, l'anima rugginosa del vecchio prete mandava degli splendori. Schiacciandosi e fregandosi i palmi delle mani, pensava che avrebbe potuto chiedere anche centoventimila lire all'arcivescovo e salvare per sé il diritto di una stanza nel collegio coll'obbligo di una messa quotidiana, tavola comune e pulizia di letto. Pensava ancora che al marchese poteva limitare il conto, mostrando che il barone era un uomo rovinato, e così colla scusa di salvare un'anima, avrebbe potuto persuadere il canonico del Sacro Monte delle Orfanelle a contentarsi di una mezza somma e a mettere la cosa in tacere.

Prete Cirillo vedeva crescere il suo mucchio da tutte le parti e la faccia di pesce fritto pigliava nella luce giallognola della finestra una fosforescenza di vecchia moneta d'oro. Al barone non restava che di bere o di affogare.

Tirò innanzi un grosso volume, una «Summa theologica» in-folio del grande Aquinate, che gli serviva di registro e di scatola, e cominciò coll'unghie gialle a ripassare le lunghe liste dei suoi crediti, vedendo quali poteva esigere subito, quali girare a un pignoratario suo compare, detto Cruschello, coi quale era in vecchi rapporti d'affari.

Corse coll'occhio avidamente sulle colonne in cui erano scritti i numeri delle sue cartelle, banco di Napoli, rendita dello Stato, fondiaria, ferrovie meridionali, tramways napoletani, ecc., e in mezzo molte quietanze e boni di pegno, garanzie, piccole ipoteche, cambiali, pagherò, che tenevano tutto il posto d'un quaderno strappato, quello in cui il dottor Angelico parla dell'«habitus operativus». Raccolse, strinse con un legaccio quel tesoro di carte unte, chiuse il libro con un giro di stringa e lo nascose in un baule ferrato che teneva sotto il letto, legato con una catena al muro.

Indossò il mantello, mise in capo il suo vecchio tricorno e uscí colle solite precauzioni, desiderando di trovarsi un'ora con Cruschello.

Della gente non prese alcuna soggezione questa volta: anzi il vecchio cabalista era disposto a burlarsi una buona volta de' suoi persecutori.

- O don Cirillo, o santo prete, dammeli tre numeri e che la Madonna dei Carmine ti aiuti... - disse una vecchia spettinata, che filava davanti a un usciolino.

- Ve', ve' là «u prevete», e quando me date li nummeri? - gridò un acquaiolo, padre di sette creature.

- Se li avessi, ma non son certi... - rispose «u prevete».

- Dammeli, dammeli.

- Non m'è venuto l'oroscopo 'sta settimana. C'è Saturno in cielo che ingombra il Capricorno. - Prete Cirillo rideva profondamente in sé della burla che giocava alle megere e ai prepotenti del vico. - Pure provate il 12 e il 77, ma debolmente giocate, perché li vedo oscuri.

- Dio ti benedica, omo santo...

E il sant'uomo rideva fuggendo per le strade, col mantello al vento, coi cappello svolazzante in aria, pensando che prima dell'estrazione ei sarebbe stato lontano un'ora da Napoli e che avrebbe vinto davvero il suo terno. Il poverino non immaginava nemmeno che sarebbe caduto in bocca al lupo.

II

LA TRAPPOLA

Il Barone di Santafusca pensava al modo di trarre qualche profitto dall'avarizia di prete Cirillo, come prete Cirillo aveva saputo fare colla sua miseria.

Molti progetti gli ronzavano in capo, ma uno era nero in mezzo ai bigi.

Dapprima lo cacciò via, ma tornato un'altra volta lo guardò in faccia. Era un'idea vestita di nero, color del prete.

Che cosa aveva detto prete Cirillo?

Che voleva partire, anzi fuggire da Napoli in gran segretezza: che giovedí, giorno 4, sarebbe venuto alla villa col denaro in tasca per stringere il contratto davanti al notaio: che non sarebbe tornato piú in Napoli, perché c'era della gente che minacciava continuamente la sua vita per avere i numeri.

Questo aveva detto il prete.

Una banda di camorristi un giorno si era impadronita della sua persona, e l'uomo di Dio sarebbe stato realmente ucciso, se Dio e il divino Spirito non l'aiutavano in quel momento.

Con questi elementi c'era da mettere insieme un magnifico progetto, purché non si guardasse troppo agli scrupoli e ai pregiudizi.

«U barone» sentí il bisogno di raccogliere i suoi pensieri e corse a casa tutto caldo di speranze e di fantasia.

Egli abitava da alcuni anni un quartierino di poche stanze in una casa di via Speranzella e non aveva con sé che una vecchia donna, la quale era già stata sua istitutrice nei giorni che i Santafusca contavano per qualche cosa.

Venuti i tempi della rovina, donna Maddalena si teneva attaccata a quest'ultimo rudere di una gloriosa famiglia coll'ansia di chi s'avvinghia a un duro scoglio per non affogare. Per quanto su un nudo scoglio non resti che di morire di fame, pure si preferisce soffrire un giorno di piú al morir subito.

Il barone non aveva avuto il coraggio di disfarsi di questa povera donna che gli teneva la casa, e di Salvatore, l'ultimo castaldo della sua villa, vecchio di settant'anni, malato di gambe, mezzo sconquassato dall'età e dagli acciacchi.

Donna Maddalena e Salvatore erano tutto quanto rimaneva dell'antico fasto: il resto era tutto venduto o ipotecato. Né l'una, né l'altro pigliavano stipendio, ma vivevano entrambi meschinamente dei detriti della casa che si sfasciava sulla loro testa.

Donna Maddalena, colla sua devota bontà, aveva messi

tutti i suoi risparmi in mano a Don Coriolano, che giocò in una notte tutto ciò che la povera istitutrice aveva messo in disparte in quarant'anni di vita semplice e di economia. Ora essa non aveva piú nulla e doveva ogni giorno supplicare il suo signore e padrone perché non la lasciasse morire di fame. Erano preghiere senza rimproveri, voci rispettose e sommesse, una devozione e un amore insomma di madre tenera verso un caro figliuolo viziato. Tutto ciò che veniva da Don Coriolano era per l'umile istitutrice bello, grande, degno di lode o di perdono.

Giustizia vuole che si dica che anche il barone conservava per la vecchia maestra un sentimento che il tempo e gli stravizi non avevano mai potuto distruggere.

La voce piangente di Maddalena aveva ancora la virtú di turbare la coscienza indurita di un uomo, che ormai l'aveva chiusa a ogni altro affetto. Un'eco dolce e pietosa era rimasta nascosta nell'edificio vecchio e cadente della sua coscienza e Maddalena sapeva di non parlare mai inutilmente.

Non era egli un tristo, degno della forca, - (si dimandava spesso) - di rubare a quella povera creatura il suo denaro, di lasciarla morire in casa di fame e di solitudine?

Tornato a casa dal colloquio col prete, egli confrontava questa povera vittima che viveva di sospiri, col prete che aveva il pagliericcio pieno di denaro.

L'una da quarant'anni divideva il destino di una antichissima casa, cadendo anch'essa a brani a brani insieme ai muri, non lamentandosi mai se non quando la fame era piú forte della pazienza, sollevando alta la bandiera dell'onore fin che c'era fiato; e l'altro, il prete, insidiava, minava fin le stesse rovine e cercava di pigliare un Santafusca per la gola.

Maddalena aveva chiusi gli occhi della sua povera mamma - pensava sempre l'uomo salendo le scale di casa - ed egli non poteva fare piú nulla per lei. Se fosse andato in prigione, la povera donna sarebbe morta di fame sulla via.

I Santafusca avevano nelle vene sangue di re normanni, diceva la cronaca. L'ultimo dei baroni poteva ben morire in odore di brigante con una palla nella gola: ma era vergognoso che si lasciasse succhiare il sangue da un pipistrello.

Man mano che il suo pensiero girava su questo fuso,

l'animo del barone si rinfocolava e pigliava coraggio.

Che cosa era un vil pretuzzo in suo confronto?

Il prete sarebbe venuto alla villa con molti denari e forse colla nota di tutti i suoi tesori nascosti nel pagliericcio.

La villa era deserta, Salvatore mezzo sordo e imbecille.

Per la domenica doveva restituire il denaro al Sacro Monte, se no, *marche,* in prigione.

Maddalena moriva di fame.

In tutto il mondo non c'era che un cuore che gli volesse un bene sincero e disinteressato, questo cuore di Maddalena.

La villa era in un luogo solitario e da dieci anni non vi entrava quasi piú nessuno.

Erano sempre mancati i denari per restaurarla e ora se la godevano i topi e le capre, che Salvatore allevava nell'antico giardino.

A Santafusca prete Cirillo non era conosciuto da nessuno.

Nessuno si sarebbe accorto in città della sua partenza: dunque, dunque...

- Se gli togli il denaro, che cos'è questo scheletro umano vestito da prete? Egli non è un uomo, ma una somma, un sacchetto. Io salvo l'onore dei miei padri, salvo me dalla prigione, salvo Maddalena dalla fame, pago i miei debiti, rendo il pane a tanti bisognosi, fo elemosine, ristabilisco la giustizia, compio una legge di natura.

Io non so dire quante volte «u barone» pensò e ripensò queste cose durante i pochi giorni che dividevano il lunedí dal fatale giovedí 4 di aprile.

Il tempo non passava mai, molto piú ch'egli stette quasi sempre in casa, nel piccolo studio, nel silenzio d'una casa morta, sempre curvo a tessere questa lurida tela.

Ogni giorno, ogni ora, quasi ogni minuto, si persuadeva che non gli restava altro rimedio, e che una forza superiore lo incalzava verso un grande avvenimento, voglio dire (ormai si capisce) tirare il prete in trappola e...

La difficoltà consisteva nel far la cosa senza passione, con istudio, con freddezza di cuore.

Egli era un uomo superiore ai pregiudizi. Se avesse

creduto coll'ammazzare un uomo di commettere un delitto contro la natura o contro un padrone suo superiore diretto od immediato, non l'avrebbe fatto, non fosse per altro che per il quieto vivere e per un certo senso di proprietà e di cortesia.

Ma egli era profondamente persuaso che l'uomo è un pugno di terra, che la terra ritorna alla terra e s'impasta colla terra. La coscienza - aveva scritto il dottor Panterre - è un geroglifico scritto col gesso sopra una tavola nera. Si cancella cosí presto, come si fa. La coscienza è il lusso, l'eleganza dell'uomo felice. E Dio? Dio una capocchia di spillo puntato nel cuscino del cielo...

Da questo lato della coscienza «u barone» era tranquillissimo.

Se avesse creduto di dover fare la parte di Macbetto, o di dover perdere i sonni come il vecchio Aristodemo, non si sarebbe mosso; ma non aveva nessuna voglia di rubare il mestiere a Rossi e a Salvini.

Non c'era che un pericolo in questa faccenda - cioè di metterci troppa precipitazione e di compromettersi in faccia al carabiniere. La società è come le donne. Non si offende d'essere tradita se non quando lo sa. Se la lasci nella sua ignoranza, la donna ti vorrà bene come prima.

Bisognava operare con prudenza, in modo che prete Cirillo scomparisse senza far rumore, come un sasso che tu abbandoni a fior d'acqua e che precipita morbidamente al centro di gravità.

Passarono in questi pensieri il lunedí, il martedí e parte del mercoledí. Il barone cominciò allora a soffrire per la troppa speculazione e si accorse di non essere troppo quieto in Napoli. Piú d'una volta sorprese sé stesso in istrada a gesticolare, o con due dita aperte a un dilemma mentale che gli inchiodava il cervello, o con una smania rabbiosa nelle gambe che lo faceva correre senza scopo in mezzo alla gente. Cominciò quasi a temere che la gente avesse a legger il suo pensiero attraverso alle rughe. Impaziente, agitato, colla febbre addosso, il mercoledí mattina prese la penna e buttò sulla carta queste parole:

«Caro mio Don Cirillo,

«Son partito oggi per dare qualche ordine alla Villa. È partito con me anche Don Nunziante, che è già informato del contratto e trova che voi fate un affare stupendo. Pazienza, io sconto i miei peccati. Non si è parlato del parco che abbraccia piú di venti moggia. Io vi cederei anche questo, se avete denaro. Ma mi occorrono subito, perché il mio diavolo mi ha fatto perdere anche ieri sera. Vi aspetto domani.

La corsa parte a 12,20 e voi sarete per il tocco alla Villa.

Dalla stazione pigliate il gran viale degli ulivi e vi farò trovare aperto il cancello. Alla Villa c'è da dormire comodamente.

«A rivederci».

Alle dieci mise alla posta la lettera, volendo quasi affidare alla sorte un poco di responsabilità, e colla corsa delle 12,20 partí solo per Santafusca.

Prete Cirillo non perdette il suo tempo.

Molte cose doveva prevedere e stabilire anche lui per sottrarsi senza dar sospetto alle persecuzioni che oggi non poteva piú sopportare.

Trovato Cruschello, liquidò molti conti, lasciandogli guadagnare piú che non meritasse; ma dovette mostrarsi largo di mano per invogliarlo a pagare e far presto.

Poi passò alla Cassa di Risparmio del Banco di San Giacomo e ritirò molte cartelle di rendita al portatore che aveva depositate per maggior sicurezza. Erano i frutti di una vecchia eredità e delle sue segrete speculazioni.

Poi scrisse un biglietto al suo padrone di casa, in cui gli diceva che per urgenti affari di famiglia doveva allontanarsi improvvisamente da Napoli. Nell'incertezza s'ei sarebbe tornato, consegnava i denari della pigione e la chiave dell'uscio a Gennariello il ciabattino, suo nipote, che avrebbe ritirata la roba secondo le sue istruzioni.

Poi corse al Sacro Monte a perorare la causa del povero barone. Trovò il segretario e gli dimostrò colle lagrime agli occhi come il libertino fosse sull'orlo di un abisso. Non bisognava, col mostrarsi troppo duri e inesorabili, spingere un povero cristiano alla disperazione. Egli era venuto per incarico suo a cercare una mezza conciliazione. Uno scandalo non avrebbe fatto che nuocere alla buona riputazione dell'istituto.

Prete Cirillo disse tanto, che persuase il Consiglio ad accettare ottomila lire una volta per sempre e a cancellare il debito del barone di Santafusca. Pagò, ritirò la quietanza per quindicimila e se ne tornò lieto e trionfante.

Il primo affaruccio non era andato male.

Il giorno dopo andò in curia e fece cantare il prete cancelliere sulle intenzioni della mensa arcivescovile e sulla somma che sua eminenza era disposta a spendere per l'acquisto dei nuovi stabili.

E rimasero d'accordo cosí: don Cirillo entro la settimana avrebbe scritto proponendo un eccellente affare, che egli aveva già quasi nella manica. Trattandosi dei bene della Chiesa e della religione, non sarebbe stato a lesinare sul quattrino. Non volle dire pel momento né il luogo, né il padrone del sito, e se ne andò per definire col marchese di Vico Spiano la vertenza dell'ipoteca. Non trovò il marchese in casa e lasciò una lettera. La sera stessa riceveva una risposta dall'amministrazione di casa Spiano che prometteva possibili accordi.

In tutte queste faccende il tempo passò per prete Cirillo molto piú presto che non per il barone di Santafusca; e il buon servo di Dio si trovò alla mattina del giovedí, 4 aprile, quasi senza accorgersene.

Di solito usciva di casa verso le nove per recarsi a dire la messa alla chiesa di Porto Salvo.

Quel dí uscì all'alba, quando la gente è piú occupata di sé nei preparativi della giornata. Uscí dai quartieri popolari e col suo grosso volume di San Tomaso sotto il braccio, pieno di valori, andò verso la Marina dove sperava di non essere conosciuto. Non volendo mostrarsi al pubblico, non disse per quel dí la solita messa e andò invece a prendere una tazza di cioccolata in un caffeuccio remoto verso la Dogana.

Quando Gennariello ebbe aperto il suo bugigattolo, prete Cirillo gli consegnò la chiave e la lettera dicendo:

- Terrai la chiave fino al mio ritorno e porterai questa lettera a don Ciccio Scuotto, il «paglietta», che abita presso la chiesa di San Giovanni a Mare. Io devo accompagnare un gran morto, un senatore, fino al cimitero di Miano, dove lo portano a seppellire nella tomba di famiglia, e non voglio portare la chiave in tasca.

- Volete che vi pulisca le scarpe, zio Cirillo?
- Sí, per rispetto al morto.
- Vi darò anche qualche punto, se avete tempo.
- Ho tempo e le scarpe ridono troppo per un funerale...

Lo zio prete rise anche lui della sua idea e lasciò che Gennariello rattoppasse qualche buco.

- Io applicherò qualche intenzione in suffragio della tua povera mamma, Gennariello.
- Se voi mi deste due numeri buoni! Li date agli altri, e lasciate indietro il vostro sangue.
- Non sappiamo nemmeno noi quel che si fa e che si dice, Gennariello. È un'ispirazione che suggerisce.
- Oh se venisse l'ispirazione anche per me...
- Prova a giocare il 23 e il 40...
- Ditene un altro, uomo benedetto, e che sia benedetta la Santa Trinità.
- Mettici anche il 66. Ma non caricar troppo la posta, perché i numeri hanno l'ombra del Capricorno.

Gennariello ringraziò col cuore pieno di fede e rese le scarpe del vecchio negromante belle e lucide come specchi.

Prete Cirillo raccolse i lembi del suo mantello, strinse col braccio il volume di San Tomaso e uscí. Il vento di mare gonfiava il mantello dietro la schiena come una vela. Non sapendo come ingannare il tempo, che non si lascia sempre ingannare come gli uomini, entrò a sentire una messa nella chiesa dell'Ospedaletto.

Poca gente stava raccolta intorno all'altare ad ascoltare una messa da morto che un frate magro e sparuto recitava con voce cavernosa, leggendo in un libro orlato dì nero.

La luce che batteva sulle tende giallastre riempiva la nave della chiesa di un'aria morta, in cui scintillavano i candelieri, le lampade, le cornici dei quadri.

Una gran pace dormiva negli angoli fondi e ciechi delle cappelle, dove le immagini dei santi alzano le mani al cielo, dove sonnecchiano le statue polverose, dove si appiattano i vecchi sepolcri.

- «Et lux perpetua luceat ei...» - diceva il frate sparuto, che nel voltarsi indietro a benedire fissò l'occhio bianco e infossato sopra don Cirillo.

Accosciata ai piedi del balaustro di marmo, una donna, forse la vedova del defunto, singhiozzava rompendo il silenzio della cupola. A lei rispondeva con un singhiozzo rauco una lampada a cui mancava alimento, a destra, dove una scaletta menava all'ossario dei giustiziati.

Prete Cirillo sentí una pesante tristezza invadere l'anima e venir meno le forze dell'egoismo. Egli era forse troppo attaccato ai beni della terra e poco tempo aveva consacrato alla edificazione delle anime e alla morale perfezione. Un giorno Dio gli avrebbe dimandato conto del talento affidatogli e Dio non si paga con titoli di Stato o con cambiali a scadenza.

Dio vuol essere pagato coll'oro delle buone azioni.

Quando pensava egli un momento alla morte e alla vita eterna?

Prete Cirillo giurò con fervida fede che questo sarebbe stato l'ultimo giorno della sua vita usuraia. Una volta entrato in possesso della villa, e una volta conchiuso il contratto alla Curia, egli non avrebbe pensato che alla salute de' suoi fratelli e allo studio delle eterne verità. Molte limosine egli avrebbe potuto fare colla rendita de' suoi risparmi e avrebbe poi fatto un testamento a favore dei poveri e delle orfanelle. Nella quiete della campagna, sotto l'ombra degli olivi, in mezzo al lieto frastuono delle cicale, colla vista dei monti e dei mare lontano, in una cameretta bianca, prete Cirillo sognava un tramonto d'oro, il tramonto luminoso del giusto.

- «*Et libera nos a malo*» - disse facendo un segno di croce molto grande e preciso.

Si mosse e, per confondere ancora di piú le traccie dei curiosi, uscí da una porta segreta che dava in un vicoletto. Se ne andava tutto raccolto nella sua compunzione, quando sentí chiamare:

- Don Cirillo, don Cirillo, per carità...
- Chi è? che cosa volete?
- Son Filippino, il cappellaio, non mi conoscete?
- Volete ricordarmi che ho un debituccio? Uh, il

diffidente...

- Possa morire se ho pensato a questo. Sono un povero uomo disperato davvero. Ieri è stato in casa l'usciere e minacciò il sequestro della roba. Ho la moglie malata di risipola e quattro figliuoli che muoiono di fame.

- E che ci posso fare io?

- Una carità, don Cirillo. Almeno non morir di fame.

- Sono un poveretto, Filippino, e ora non posso.

- Sentite, io avrei un bel cappello nuovo che avevo messo in disparte per voi. L'avevo fatto per monsignor vicario, ma gli è tornato troppo stretto. Pigliatelo, don Cirillo, prima che l'usciere se lo porti via col resto e datemi da comperare le medicine alla mia Chiarina.

Prete Cirillo pensò che non dovendo piú tornare a Napoli, un cappello nuovo non sarebbe stato inutile. In cuore gli parlava ancora un poco la voce di compunzione, e poiché la bottega di Filippino era sull'angolo della vicina piazzetta, vi andò e pose sul banco alcune lire.

- Datemi almeno dodici lire, don Cirillo. È un cappello nuovo coi nastrini di seta, bello, leggiero come una foglia.

- Non vi do di piú, benedetto.

- Voi avete anche un debituccio.

Prete Cirillo pensò che veramente non era onesto lasciar indietro dei debiti e soggiunse:

- Vi do undici lire e pace. Per il debito vecchio li volete tre numeri buoni?

- Se voi li date proprio buoni.

- Mi pare di avere l'inspirazione. Passano oggi nel segno del Capricorno. Notateli che io li credo veri veri.

- Fosse il signore del cielo che v'ispira! - esclamò Filippino, prendendo in mano la penna.

- Scrivete il 4. (Questo era il giorno di sua felice partenza). Il 30 (cioè il prezzo della villa).

- E finalmente il 90, che vuol dire tutta la fortuna per voi e per la vostra Chiarina. Filippino, addio, vado a portare un morto a Miano. Addio.

E col suo bellissimo cappello nuovo «u prevete», coll'animo piú leggiero, dopo qualche giravolta nei vicoli, arrivava alla stazione che sonava giusto mezzodí.

Venti minuti dopo egli rannicchiavasi in un vagone di terza classe, stringendo col braccio San Tommaso e tutta la sua scienza. Nessuno l'aveva veduto partire e tutti pensavano che egli andasse a Miano a portare un morto. Il morto l'aveva ben sotto la mantellina, ma era un morto che fa risuscitare i vivi.

- Addio, sta lí città dell'invidia. Della camorra, dell'ignoranza, - esclamò in cuor suo quando il treno si mosse, e in fondo alla memoria si mosse anche un versetto latino, che egli aveva studiato da ragazzo e che dice: «Beatus ille qui procul negotiis...»

La giornata era bella, serena. fresca, una vera giornata allegra di aprile. Ma «u prevete» non era buon astrologo questa volta.

III

ALLA VIGILIA DEL DELITTO

Il barone stava aspettando con una certa inquietudine il suo salvatore.

Il palazzotto dei Santafusca, d'un grosso e pesante stile seicento, da molti anni abbandonato alle eriche, all'edera e alle ortiche, presentava in mezzo alla sua grande decadenza ancora qualche vestigio dell'antica suntuosità.

Un lungo viale di platani secolari menava alla casa attraverso a un parco chiuso, dove il tempo e la negligenza avevano seminato ogni sorta dì erbe e di lappoli, fin sui gradini stessi della doppia scalea, che un gonfio stile rococò portava al terrazzo della casa.

Né qui finiva l''invasione del verde. Edere e glicini e viti silvestri si arrampicavano avviluppate anche alle pareti della casa, fin quasi al tetto, stendendo dei larghi tappeti lungo i muri, entrando fra le fessure delle persiane, stringendosi ai ferri delle finestre, ingombrando l'ingresso delle porte.

Dei vecchi mozziconi di statue, che una volta rappresentavano Giove o Mercurio, non erano, oggi che un ammasso informe di frasche o di vilucchi, in cui il sasso nero giaceva morto e sepolto e vedevi l'erba uscire fin dalle corrose ardesie del terrazzo, a far beate le lucertole.

L'interno era piú squallido.

Tutte le vecchie suppellettili, i vasi, gli stemmi, i candelabri, i quadri preziosi avevano emigrato da un pezzo, non a pagare i debiti del padrone, ma a riempire qualche buco della vecchia nave che faceva acqua da tutte le parti. Erano molti anni che il silenzio e la miseria intristivano una casa dove quarant'anni prima aveva regnato il chiasso, il fasto e l'orgoglio d'una grande famiglia dei reame.

Non parlo delle feste del principio del secolo e dei trionfi dell'altro secolo, quando i Santafusca comandavano né piú né meno dei Borboni a Napoli.

In quei tempi i vecchi contadini avevano udito dire delle caccie rumorose e principesche del barone Nicola, che andava attorno sempre armato di pistolotto, e si raccontavano avventure tremende di rapimenti, di voluttà, di orgie, di delitti.

Che cosa era rimasto di tutta questa potenza? Nulla, anzi meno che nulla, perché «u barone» Coriolano oggi valeva meno di un tronco di statua. Non solo egli era debitore dell'aria che respirava, ma la prigione era sua creditrice.

Queste cose rivolgeva egli stesso nella mente la mattina del famoso giovedì, mentre, passeggiando in su ed in giú per la fredda e nuda galleria che dava sul terrazzo, stava aspettando il suo prete.

Di tutto l'antico fasto non rimanevano oggi che lembi di broccato sospesi ai muri, brandelli dì cornicioni dorati, le vólte dipinte, qualche buon mosaico; ma la tristezza, il deserto, la rovina erano maggiori.

Tranne un paio di cameruccie a pian terreno, dove Santafusca aveva nascosto un letto e quattro sedie per sé, piú come una tana di rifugio che per un luogo di riposo, il resto della casa era interamente vuoto. Chiuse tutte le persiane, chiuse tutte le porte, l'umido e il freddo davano a quelle vaste sale un'aria di grandi sotterranei, in cui risuonava l'eco dei passi e svolazzavano ombre misteriose.

Dove la tenebra era piú fitta, per la grande quantità delle

frasche, che avevano stesa una tenda sulle gelosie, i pipistrelli avevan fatto il loro sordido nido, ed «u barone» non osava accostarsi per paura di risvegliarne l'immonda tregenda.

Alla villa capitava di tempo in tempo, come un fantasma anche lui, quando era piú nero e piú in collera colla fortuna; ma non si fermava mai piú di un giorno o due, il tempo cioè di togliere ciò che si poteva ancora scassinare della vecchia magnificenza; e se ne andava come era venuto, senza vedere nessuno, dopo aver diviso con Salvatore un pranzo alla cacciatora.

Salvatore, già avvilito da un colpo di apoplessia, vecchio di settant'anni, mezzo orbo e mezzo scemo, passava il suo tempo in quel deserto, in compagnia del suo cane nero e di alcune capre ch'egli lasciava pascolare nel parco. Viveva anche lui di qualche detrito, come un vecchio sorcio, vendendo l'erba che non mangiavano le capre, coltivando quattro frasche di insalata, e raccogliendo i fichi e le mandorle che cadevano dalle piante. Le capre ed alcune galline provvedevano al suo pranzo e alla sua cena.

Nella sua decadenza non riconosceva «u barone» che al suono imperioso della sua voce e al colore nero della barba. Allora un'antica forza svegliavasi in quel vecchio, che dormiva le sue giornate al sole, e, bene o male, Salvatore moveva le gambe e le braccia nel senso delle antiche abitudini di obbedienza e di rispetto, come un vecchio telaio guasto che conserva ancora l'ossatura del suo buon tempo.

Il barone arrivò, come dicemmo, il mercoledí, e rimase a dormire la notte alla villa.

Dormire non sarebbe la parola giusta, perché troppe cose egli doveva pensare per poter chiudere gli occhi al sonno. Ma non fu nemmeno un vegliare ad occhi aperti. Quel trovarsi solo in un luogo cosí grande e deserto, alla vigilia di un fatto tanto importante, aizzato da una parte dalla paura e dai debiti, aizzato dall'altra da diaboliche suggestioni, disposto a tentare un gran colpo, ma ancora in sospetto di non aver provveduto abbastanza; quel silenzio profondo, quelle ore eterne, quel letto duro imbottito di stecchi, tutto ciò non doveva lasciarlo dormire.

Ma d'altra parte la mente si sprofondava in sogni che non

avevano nulla a che fare colla realtà.

Il prete era ricco e pauroso; minacciato, tormentato, avrebbe comperata la sua salvezza col suo sangue, cioè col suo denaro. Ma come si doveva fare? e poi? e se il prete l'avesse denunciato? Non rimaneva di sicuro che di ammazzarlo.

E come si doveva fare? dove tirarlo? Il vecchio era sospettoso. Non trovando il notaio, come era stato convenuto, non avrebbe messo fuori i denari, forse egli veniva senza denari o con titoli legati al suo nome. Bisognava anche su questo punto operare con prudenza, con spirito, fargli una lieta accoglienza, indurlo a parlare, fargli vedere il palazzo, il gran salone di sopra, le cucine, le stalle, le cantine..., ripeteva il suo pensiero, sottolineando, sto per dire, questa parola..., le cantine.

Se egli poteva persuadere il prete a discendere una dozzina di gradini, fin dopo il primo portone di legno, una volta rinchiuso là sotto, non c'era né Dio, né Cristo, né Belzebú, che avrebbero potuto aiutarlo. E una volta rinchiuso il battente, addio!... - C'erano dei labirinti spaventosi laggiú, avanzi ancora d'un vecchio castello medioevale, sul quale era sorta la nuova villa, e nessuno osava per paura metterci il piede.

Era proprio il paese del nulla e di nessuno, dove le cose compiute non esistono piú. Ma bisognava persuadere il vecchio a discendere... e prima bisognava sincerarsi che avesse i denari indosso, oppure bisognava strappargli dalle unghie una procura, una cambiale, qualche cosa...

«U barone» sospirava forte e si rotolava nel letto.

Qui cominciavano i sogni. Luoghi bui, antri, caverne, stalle, scuderie, grotte, bassifondi, tinaie, legnaie, pozzi, androni, solai, sotterranei neri, scale nere e umide, e molte ragnatele, grandi, forti, che lo invischiavano, lo avviluppavano, gli impedivano il passo e il movimento delle braccia, e una lotta grottesca tra lui e un grosso ragno nero, che non era in fondo che il suo prete.

- Oh! - gridò una volta, mettendosi a sedere sul letto. Albeggiava. Nel giardino e nella selva cinguettavano gli uccelli.

Una dolce memoria della sua infanzia, come se passando vicino gli ventilasse il viso coll'ala, ringiovaní e rinfrescò per un istante il suo pensiero. Oh le belle mattine, quando scendeva dal letto e correva a respirare l'aria pura, a rinfrescarsi nella rugiada che sgocciolava dalle rose fiorite! e quando usciva colla civetta a caccia, e quando s'inginocchiava al suono vivo dell'Avemaria! Era ancora la stessa campana che sonava al chiarore dell'alba. Era ancora don Antonio, il prete che lo aveva battezzato...

Ma allora era facile il problema della vita. Non c'erano i carabinieri in agguato dietro l'uscio, e non si sapeva ancora che cosa fosse un procuratore del re. Oggi era tutto cambiato. Se il prete non gli portava i denari, tra due giorni un Santafusca sarebbe stato denunciato alla procura. Questo era certo, e per un gentiluomo l'infamia è peggio della morte.

Perché non si ammazzava? perché non usciva da questi imbrogli feroci?

Certo meglio ammazzarsi, che farsi legare dai questurini. A questa idea, il sangue dei vecchi Santafusca ribolliva nelle sue vene, mandava un grido, saliva alla testa in un fiotto, le livide pareti si tingevano di rosso, e rosse apparivano tutte le piante del giardino.

IV

IL DELITTO

- Salvatore! - chiamò per la terza volta dall'alto dei terrazzo il barone, facendo conca alla bocca colle mani.

Il vecchio servo che stava sul viale, appoggiato al bastone, incantato a contemplare le sue capre, sentí finalmente la gran voce del padrone, si scosse, e, dondolando sulle gambe, ansando come un vecchio mantice, accorse a ricevere gli ordini.

- Voglio che tu porti questa lettera al parroco di San Fedele.

- Lassú? - chiese Salvatore, indicando col dito un luogo alto, sui colli, lontano cinque o sei miglia.

- Sí, non mi fido che di te. Resta pure a dormire questa notte se la strada è lunga.

- Passo passo, potrò essere di ritorno stasera.

Il barone stette un momento a pensare. Aveva sei o sette ore davanti a sé prima che il vecchio fosse di ritorno.

- To', - disse, - per il tabacco... - e gli mise in mano insieme alla lettera un paio di lire, le ultime delle ultime che gli aveva prestate Maddalena.

Salvatore baciò la punta delle dita e se ne andò col suo passo traballante dalla parte delle scuderie, dov'era la strada verso il paese.

Il padrone rimase solo un'ora a passeggiare tristamente in su, in giú, per la vuota galleria, pensando alla sua disperata miseria.

Non aveva piú un soldo in tasca, non piú credito di giuoco, non piú roba da vendere, tranne la roba che ora stava per vendere al prete. Ma le poche migliaia di lire del prete dovevano andare quasi tutte a pagare i debiti piú pericolosi. Quindi egli rimaneva povero e nudo per sempre, costretto forse a rubare o a mendicare per vivere.

Bestia la pecora, ma non bestia il lupo!

E tratto tratto guardava per la finestra verso il lungo viale dei platani se vedeva venire il suo prete.

Nella lotta per la vita vince il piú forte. È questo un principio elementare dell'esistenza. Se egli avesse avuto degli scrupoli, se avesse temuto i fantasmi dei morti, via!... ma per una coscienza scientifica il mondo è tutto una pasta; e vivi e morti fermentano nel medesimo lievito.

Un fischio risonò nella verde bassura, e dietro il fischio il vento portò il rombo del treno che veniva da Napoli. Suonò il tocco al campanile della parrocchia.

- Verrà? - domandò una voce paurosa.

Nessuno rispose a quella voce.

Per quanto non superstizioso, volle credere per un istante ai segnali. Se il prete veniva, era segno che bisognava agire.

Un altro fischio indicò la partenza del treno.

Dalla stazione al cancello della villa era una passeggiata di dieci minuti, ma quel prete camminava col passo della lumaca!

- Non è venuto! - disse una volta con un soffio di gioia il barone. E pensava già di partire.

Che cosa faceva egli in un deserto? Che cosa era venuto a

fare?

Aveva fame!

Da un pezzo sentiva un certo dolore allo stomaco e non pensava che potesse essere fame.

Ora se ne accorse tutto ad un tratto, e un brivido di raccapriccio corse per tutta la sua vita.

Egli pativa la fame. Era proprio la fame?

Quando mai uno dei suoi aveva conosciuta questa malattia! Lo stomaco provava dei crampi dolorosi.

- Quando?

Il barone fissò l'occhio verso il fondo del viale, dove gli era parso di veder svolazzare un non so che di nero.

- Quando? - seguitava a ripetere una voce ostinata, ma l'occhio era fisso.

Il suo prete veniva, passo passo, su per la salita, col mantello raccolto e le braccia strette intorno al libro, col bel cappellino nuovo... aperto al vento.

Salvatore, passando accanto alla Canonica, vide don Antonio, il prete della pieve, in maniche di camicia, occupato a lavar la faccia ai quattro santi d'argento, che dovevano splendere sull'altare il giorno della domenica *in albis*, in cui si celebrava una delle feste principali del paese.

Il buon vecchietto viveva tutto in quella sua cura. Da quarant'anni il suo pensiero non andava piú in là del cimitero, che segnava il confine della parrocchia, e tre generazioni erano quasi passate nelle sue mani.

Don Antonio, collocati i quattro santi sulla panchina di pietra esposta al vivo raggio del sole, mesceva in una ciotola una certa poltiglia di pomice e gesso, che poi passava sul viso dei santi, come se facesse loro l'insaponata per la barba.

Vedendo venire Salvatore, cominciò a ridere e a burlarsi di sé.

- O Salvatore, non dite ch'io faccio la barba ai santi. Ma il fumo e la polvere sconciano questi poveri busti, che anneriscono come uno stagno. Ed è foglia d'argento garantita. Sono costati al Comune, *in illo tempore,* quaranta piastre l'uno... Dove andate con questo sole, Salvatore?

Costui capí soltanto la domanda e rispose:

- Vado lassú a San Fedele. È venuto «u barone».

- È venuto? che sia vero dunque quello che mi hanno riferito, che sua eccellenza sia per vendere la villa all'arcivescovo? Quando fu di passaggio monsignor vicario, si fermò un'ora in casa mia, e mi disse che Santafusca sarebbe stata una buona posizione per un seminario e anche per una villeggiatura. Che ve ne pare, Salvatore?

- Fu da me una volta un prete a vedere il sito, ma non se ne parlò guari.

- E questa visita non dimostra che le trattative sono cominciate,

- Io non so... - disse il vecchio, che non si sentiva in lena di parlare.

E continuò lemme lemme pel suo viottolo.

- Ite piano, perché il sasso è duro, e il sole è piú duro del sasso.

Don Antonio, che invece amava la ciarla innocente e parlava, in mancanza di meglio, anche con sé stesso, continuò, rivolgendo la parola a' suoi santi:

- Certo sarebbe una grande fortuna per Santafusca se ciò avvenisse. Per bacco, aver l'onore di ospitare sua eminenza! Anche voi, poveri santi, stareste piú allegri, e io vi farei fare una bella raggiera d'oro, come ne ho visti una volta al vescovado di Napoli.

- È tempo di asciugare la faccia a questi santi, reverendo? - disse Martino il campanaro, un sapientone, già frate converso cappuccino, che amava discutere con don Antonio sui casi di coscienza e di liturgia.

- Aspettate che il sole abbia prima asciugata la pasta, poi ci metterete l'olio di gomito. Torneranno bianchi come le stelle.

- Io vorrei farvi un caso di coscienza, don Antonio. Se una zucca, sforzando la siepe, passa dall'orto del vicino nel mio, posso io coglierla senza far peccato? Il cursore dice che posso, e anche la legge mi dà ragione.

- La legge vi dà ragione, perché la zucca copre la vostra terra e impedisce a voi di piantarvi un gambo di fagiuoli; ma se io considero la zucca nella vostra coscienza, è un altro paio di maniche.

Don Antonio rise gioiosamente del suo traslato, e i suoi capelli bianchi di neve scintillarono sotto il raggio del sole come la faccia dei santi d'argento sotto le fregagioni di Martino.

- Che cosa volete dire, don Antonio, con questa *ipotiposi* della zucca nella mia coscienza?

- Voglio dire che il buon cristiano non deve tanto guardare al suo diritto quanto al suo dovere. La zucca non l'avete piantata voi, e se è venuta nel vostro orto, la colpa è vostra che non avete chiusa bene la siepe. Ma la vita essa la trae non dalla terra vostra. Voi dovreste trovare il vostro vicino e dirgli: Io ho sul mio la vostra zucca: o ve la ripigliate, o me la piglio.

A chi tratta con giustizia sembrano piú saporite le zucche.

- Voi avete sempre dei buoni proverbi: voi siete l'antico Salomone.

- Senza la regina Saba... - soggiunse il vecchietto ridendo ancora con tutto il cuore. Poi disse: - È arrivato «u barone».

- E che cosa viene a fare quel selvatico?

- Voi volete far la barba a sua eccellenza e non ricordate che Dio v'ha fatto suonatore di campane. Io spero che Santafusca vedrà giorni migliori. Non pensate voi qual fortuna sarebbe per noi tutti e per la chiesa nostra e per le vostre campane se si avverasse ciò che ha fatto sperare monsignor vicario?

- Dio volesse e San Michele! Io ho fatto un sogno, in cui vi ho veduto con un piviale d'oro e una mitra in testa.

- I sogni vengono da Dio. Egli parlò a Giacobbe e a Faraone, e a Giuseppe sposo di Maria, proprio per la via dei sogni. È vero che voi non siete che Martino campanaro...

- Se sua eminenza venisse qui, dovrebbe celebrare nella nostra chiesa.

- Certamente.

- E credete che «u barone» voglia vendergli la villa?

- Fammi indovino e ti farò ricco.

- Dovrebbe regalare un paliotto d'oro.

- Speriamo prima nell'edificazione delle anime e poi, se c'è tempo, si pensi al pallio e al baldacchino che i topi hanno rosicchiato.

- Avviene sempre cosí, quando va male il raccolto delle

noci. I topi, non avendo le noci, diventano cattivi e rodono le cose sacre. Voi dovreste maledirli una volta.

- Perché, povere bestie? E non guastiamo anche noi le cose sacre, quando ci spinge un forte appetito? Peggio dei sorci, non sempre ci contentiamo di noci...

....

Mentre il piovano e il campanaro facevano questi discorsi davanti alla canonica nella queta caldura del meriggio, «u barone» ammazzava prete Cirillo. Il colpo era riuscito in questa maniera.

Il barone era andato incontro al prete con un viso allegro, gli aveva chiesto notizie della sua salute, se il viaggio era stato buono.

Poi soggiunse:

- Venite, don Cirillo; ho mandato or ora in cerca di don Nunziante, che è andato al Comune per un contratto di acquisto. Venite, vi ricevo come posso, alla cacciatora.

E cosí parlando, entrarono in casa e andarono a sedersi nella stanzuccia a terreno davanti ad un tavolino zoppo, su due vecchie sedie, che tentennavano anch'esse sui piedi.

- Troverete la casa spoglia, ma è piú facile vederne il prezzo sostanziale. Voi fate un affarone, don Cirillo, e se non fosse il bisogno che mi piglia per la gola, avrei potuto guadagnare quattro volte tanto fra un anno o fra sei mesi. Avete portato il denaro?

- Come ho promesso, trentamila lire, - rispose il prete sottovoce, guardandosi intorno con sospetto.

- Io non vi ho parlato dei rustici, che son fuori del muro di cinta. Potrei cedere queste case al Comune per le scuole e ho mandato don Nunziante a interrogare il Consiglio, che deve appunto radunarsi oggi alle due. Ma io sarei disposto a favorirvi, se vi mostrate generoso.

- E non mi mostro io generoso? compro per trentamila lire una casa che non conosco.

- Scusate, io non voglio la rovina vostra. Voi non mi darete nulla, se prima non vi sarete persuaso cogli occhi vostri che la casa, considerata soltanto come un mucchio di mattoni, vale di piú. Anzi io direi, mentre si aspetta don Nunziante, di fare un giro per i locali. E poi vi condurrò a vedere questi rustici...

Il barone pronunziò queste ultime frasi senza guardare in viso il prete, ma cogli occhi fissi, quasi confitti alla finestra.

- Son venuto anche per vedere - disse tranquillamente il prete, che stringeva il suo libro sul cuore.

- E non intendete di tornare piú a Napoli?

- Mai piú, per *omnia secula*! - disse il prete con una convinzione che fece colpo sull'animo di sua eccellenza. - Io resterò vostro ospite, finché la casa è vostra, e voi sarete ospite mio, quando la casa sarà mia. Ma a Napoli non mi vedranno piú.

- E se venissero a cercarvi?

- Nessuno sa ch'io sono partito, né per dove.

- Ma avete troppe ragioni per tornare spesso a Napoli. Il corpo è qui, ma l'anima di prete Cirillo è al... al... banco di Napoli.

Il barone si sforzò di ridere questa volta, per quanto si sentisse le mascelle dure e legate.

- Voi mi fate torto, barone, a credere ch'io sia tanto ricco: ho portato con me i pochi risparmi d'una vita povera e modesta, e spero di trovare nella quiete dei campi quella pace e quel riposo, che è il premio d'una vita semplice e senza ambizione.

- Voi la troverete la pace, - disse «u barone» come se facesse un complimento; ma le sue parole suonarono in lui come in un vuoto sotterraneo.

- Ebbene, vediamola questa casa, poiché ci siamo. Ho osservato già che è tutta da rifare, - disse il prete alzandosi.

- Venite e vi farò vedere anche le cantine, se desiderate. Volete deporre il vostro mantello?

- No, preferisco...

Prete Cirillo finí la sua idea con un moto nervoso di vecchio avaro, che cerca nascondere il suo tesoro, e si strinse la mantellina sui fianchi. Ma non fu tanto abile, che il barone non vedesse spuntare l'orlo del libro, e dall'orlo un fascetto di belle cedole azzurre della rendita italiana.

- Comincerò a farvi vedere la galleria. Qui una volta c'era una bella raccolta di quadri, - prese a dire «u barone» che camminava un mezzo passo indietro, vicino al Prete, che già pieno del lauto guadagno, osservava con silenziosa meraviglia le vólte dipinte, le finestre incorniciate, i buoni mosaici.

- Questa era la sala da pranzo. C'è posto per cinquanta convitati...

- Chi sa che bei pranzi vi hanno consumato!

L'idea di un pranzo richiamò la memoria della fame e «u barone» risentí un gran dolore alla bocca dello stomaco.

Camminava dietro il prete come fosse l'ombra sua. Un fremito di paura e di ferocia vibrava ne' forti muscoli, che la volontà piú forte dominava, soffocava. L'occhio avido divorava già il prete dietro la nuca, lungo i cordoni del collo, che il prete aveva sottile e gracile. Se egli avesse steso le due mani, se avesse stretto quel collo entro le quattro dita, don Cirillo non avrebbe detto piú *Jesus*.

- Questa è la sala di ricevimento... È buio, ma tanto ci si vede abbastanza.

Il prete si lasciava sospingere dolcissimamente, come se il suo destino lo chiamasse: ed era lui che sentiva per il primo il desiderio di veder tutto, di scendere le scale, di entrare nei corridoi piú oscuri, dove «u barone» non avrebbe osato, sto per dire, discendere solo.

Era lui che, tratto dalla ghiottoneria del guadagno, voleva calcolare cogli occhi quante volte le trentamila lire stavano dentro le massicce pareti, e intanto seguitava a rimorchiare il suo assassino, che quasi accecato da una sanguigna vertigine non capiva piú qual forza maligna lo trascinasse in giú.

- Questa è la cucina.

- Grande! - disse il prete con un impeto di contentezza.

E faceva il calcolo che poteva benissimo servire a una comunità di cento allievi.

«U barone» non pensava piú e quasi non vedeva piú il suo prete. Come sul momento d'accostarsi a un intimo colloquio d'amore freme il sangue e par che gorgogli a fiotti nel corpo, e la vita si mesce già con un'altra vita, cosí man mano che la vittima si accostava al suo letto, il barone sentiva crescere la ferina voluttà.

- Di qui si va alle scuderie... e poi ai sotterranei.

Se prete Cirillo non fosse stato tanto stordito dalla sua avara passione, avrebbe veduto che l'occhio del barone cominciava a essere sinistro e pieno di sangue, e si sarebbe voltato al suono di una voce che diventava sempre piú coperta e morta, come quella d'un tamburo funebre. Ma egli voleva veder tutto, e pensando al vantaggio che si poteva trarre dalle scuderie, mutandole in grandi aule di scuola, passò egli per il primo davanti alle stalle e giunse in un cortiletto chiuso per tre lati da un alto muro. Qui era ammucchiato molto materiale di fabbrica, mattoni, sabbia e fin calce viva presso una cisterna o scolatoio, che il barone molti anni prima aveva fatto scavare per raccoglier l'acqua piovana in servizio delle scuderie. Ma poi erano mancati i mezzi e i lavori restarono lí.

Prete Cirillo, che voleva veder tutto, si avvicinò alla cisterna e allungò il collo per guardare.

Fu come se egli desse un segnale.

«U barone» balzò, e senza guardare se cosí facendo andava dietro alle disposizioni prese, ma sospinto da una violenza di cento uomini, brandí una grossa leva di ferro che era in terra dimenticata dagli operai, e lasciò cadere un tal colpo sulla nuca del prete, che il povero martire cadde come schiacciato sul mucchio, senza dare un gemito, e rotolò quasi da sé nella cisterna.

«U barone» gliene assestò un altro, che avrebbe spezzato un capo di bronzo, non che la piccola testa dell'infelice, che si ruppe come una vecchia noce. Il libro cadde, si aperse e molte cartelle si sparpagliarono sui mattoni.

Il barone vide insieme alle cartelle molti biglietti grandi di vario colore, che acciuffò, cacciò in tasca, insaccandoli a piú riprese, finché la tasca fu gonfia.

Colla vanga spinse il morto e il libro in fondo alla cisterna, profonda tre metri. Il corpo piombò nel molliccio con un rumore molle e pastoso.

Egli prese un badile ch'era lí; e dentro sabbia, dentro sabbia! Colla sabbia buttò anche della calce, poi ancora della sabbia.

Lavorava con alacrità di dieci uomini. Poi sollevò colla forza erculea delle sue braccia una grossa pietra già preparata, che doveva ricoprire l'imboccatura. Ve la collocò come si muove e s'impasta un foglio di carta sopra un vetro rotto. Prese ancora il badile, spinse sulla pietra della sabbia, dei mattoni, e poi sabbia ancora, ne fece un mucchio e finalmente si guardò intorno...

Era solo! La sua fronte stillava un freddo sudore. Cinto da

tre parti da un muro alto, non aveva davanti a sé che l'imboccatura di una cieca scuderia. Ascoltò e sentí un gran silenzio. Soltanto una lucertola s'era fermata sul muro e alzava la testolina, come affascinata. Del resto nessuno, e un gran silenzio.

Impaurito di quel troppo nulla, traversò a furia la scuderia e passando per il rustico delle stalle, stava per uscire in giardino, quando sentí ancora il bisogno di ritornare sopra i suoi passi per vedere ancora il sito. La calce, la sabbia, la pietra, tutti i mattoni, tutto era a suo posto. Prete Cirillo non sarebbe tornato piú a Napoli.

Gli parve che la leva gettata di traverso sul materiale dicesse più che non dovesse dire, ed ebbe ancora la forza di chinarsi e di conficcarla dentro il mucchio della calce fin quasi alla mano.

Poi, sentendosi mancare le forze, uscí in giardino, scese a corsa per il viale degli ulivi, risalí sempre correndo e venne in un prato pieno d'erbe folte e di sole, dove stavano pascolando le capre di Salvatore. Qui si fermò coi piedi sprofondati nella terra molle e cominciò a guardare stupidamente il muso delle capre, che guardavano lui stupidamente, ruminando.

V

DOPO IL DELITTO – SENSAZIONI

Una gran pace calda riposava sulle cose. Sui fiori svolazzavano farfalle e libellule dalle ali trasparenti. Un bel sole di lieto aprile scaldava la terra e accendeva il verde contrastante dei lauri, dei sicomori e degli ulivi. La natura era quieta, a posto, come se prete Cirillo non fosse mai morto. Il peso della terra non era diminuito per questo.

Il barone pensò che tutto ciò poteva essere un sogno: ma non era un sogno il grosso ch'ei sentiva sotto la mano: questi erano denari, la salvezza, l'onore, la libertà, la vita, il tutto in luogo del nulla.

Rimase due minuti coi piedi sprofondati nella terra molle, come se un gran peso lo tirasse in giú, poi sentí il bisogno di rompere l'incantesimo e di non lasciarsi prendere dai brividi.

- Sono sensazioni! - disse a voce chiara, rispondendo a una domanda interiore.

Voleva dire a sé stesso che le sensazioni passano e i fatti restano.

Tutto era riuscito benissimo. Nessuno aveva veduto il prete partire da Napoli, nessuno lo aveva veduto arrivare alla villa, nessuno sapeva perché egli fosse partito, e dove riposasse. La villa ora si richiudeva per altri trent'anni, e se non parlano le lucertole, chi doveva andare senza il permesso del padrone a smuovere un mucchio di sassi e di sabbia per cercare un uomo che nessuno desiderava? Non rimaneva che Salvatore, ma il povero vecchio scemo era cosí poco curioso!

Un grande ed allegro scampanío risvegliò di balzo il barone dalle sue contemplazioni. Era Martino che sonava a festa per la prossima domenica *in albis*. La festosa musica riempiva il cielo e le colline di una gioia, sto per dire fanciullesca, come se le campane giocassero a rincorrersi nell'aria.

Sua eccellenza il barone di Santafusca, richiamato al pensiero dei casi suoi, non resistendo all'enorme fatica di aspettare Salvatore fino alla sera, chiuse le stanze della villa, chiuse il cancello verso i platani, e, passando per il cancello delle scuderie, alzò gli occhi rapidamente alle scrimolo del muro che cingeva il cortiletto. Li alzò per istinto, non perché egli si aspettasse di vedere la faccia giallognola dei prete guardare di sopra le tegole.

Chiuse anche questo cancello. Cosí prete Cìrillo non fuggiva più. Per non dare sospetto alla gente prese la via dei campi e tagliando il colle per un sentieruolo dì traverso, ch'ei conosceva molto bene, andò a porsi sul passo di Salvatore che aveva presa comodamente la lunga.

Sedette sopra un muricciolo e accese un avana, come un buon villeggiante, che riposa lo spirito dopo un gran lavoro. Dal luogo ove si fermò, l'occhio stendevasi su tutta la città e sul magnifico golfo, lembo di paradiso in terra, chiuso fra due conche azzurre, quella del cielo e quella del mare.

In fondo il Vesuvio mandava fuori un ciuffo di fumo, e l'anfiteatro della città e dei paesi distesi al suo piede biancheggiava alla luce tersa dell'aria piena di caldi effluvi.

A sinistra, dietro una folta macchia di lauri, usciva la cornice grigia della villa rattristita dall'ombra d'una nuvoletta passeggera.

- Sono sensazioni! - disse ancora la voce di prima, come se in lui parlasse lo spirito di un freddo anatomista; lo sguardo corrucciato si sprofondava verso l'orizzonte.

Accese ancora il suo buon avana e provò a soffiare il fumo verso il cielo colla beata noncuranza di chi esce dalla sala da pranzo in un giardino a digerire.

La natura era bella, soave, lucida, tranquilla, come se nulla fosse accaduto.

Martino sonava a festa, allegramente, pazzamente, e al suono della sua musica danzavano gli echi lontani.

- E le sensazioni passano, ma i fatti restano! - Tornava a ripetere la voce rinchiusa, mentre il braccio scendeva un poco a stringere l'altro morto che faceva gonfia la tasca dell'abito. Quanti denari aveva con sé quel prete? Egli non aveva avuto il tempo di fare il conto, ma cosí a occhio e croce aveva veduto un mucchio, un tesoro, che ora si sentiva addosso, e che non osava di guardare per paura che si rompesse il sogno, e svegliandosi, egli avesse a trovarsi al giorno del pagamento e col carabiniere alla porta.

Salvatore, che camminava trascinando i piedi sulla riva sassosa, spuntò dallo svolto della stradicciuola e giunse quasi sopra al suo padrone prima di accorgersi di lui. Sarebbe anche passato oltre cosí, se il barone non lo avesse toccato nel gomito.

Il vecchio si svegliò dalla sua pensosa sonnolenza e aprí la bocca a un oh! senza meraviglia.

- Devo partire subito e t'ho portato la chiave del cancello. Ho chiuso dapertutto. Se venisse qualcuno per visitare la villa colla scusa che c'è chi la vuol comprare, di' apertamente che la villa non si vende, anzi di' addirittura che è già venduta, e che hai l'ordine di non aprire a nessuno. Hai capito?

Il barone parlava tanto chiaro e Salvatore stava tanto attento, che era difficile non capire. Il servo mise una mano sul petto e disse:

- Non entrerà nessuno, eccellenza, padron mio.

In quel suo contegno umile e sommesso si poteva vedere l'antico vassallo pronto a dare la vita per il feudatario. Il barone sentí che da questa parte poteva dormire tranquillamente e soggiunse:

- Restituiscimi la lettera: manderò io stesso la risposta per mezzo della posta e torna pure a casa, Salvatore, che sei vecchio ed hai bisogno di riposare.

- Oh, eccellenza!...

- Ti manderò qualche danaro, perché tu possa campare una vita meno da cane.

- Oh, illustrissimo!...

Il barone nel pronunciare queste poche parole di pietà sentí un sentimento tenero e caldo avvolgere tutto il suo cuore. Salvatore e Maddalena l'avevano portato in braccio e possedevano nel loro cuore la parte migliore del padroncino, che non era morta in loro, ma che il padroncino aveva finito di uccidere in sé.

Stette a osservare il povero vecchio, che ritornava docilmente sopra i suoi passi verso la villa a far compagnia all'*altro*, e un velo di nebbia oscurò per un istante la sua pupilla. La nebbia si sciolse, «u barone» si sentí gli occhi pregni di pianto.

Martino riprese l'allegro scampanare.

- Sono sensazioni! - disse ancora una volta la voce del segreto anatomista, che il barone riconobbe uguale a quella del dottor Pariterre, il famoso nichilista. Vedendo che il sole volgeva al suo tramonto, si alzò, scosse la testa come il leone fa colla giubba, quando si toglie dal covile, e guardò l'orologio. Erano le quattro.

Il prete era arrivato al tocco.

Quante cose erano già accadute in queste poche ore!

Il barone sentiva di aver vissuto dieci anni almeno della sua vita.

Alle quattro e trentacinque ripassava il treno per Napoli. Prese un altro viottolo di traverso, ed evitando di passare per Santafusca, si portò sulla strada provinciale. Volse prima un poco verso il mare, girò dietro un cascinale per risalire ancora sulla provinciale, sempre di buon passo, come un uomo molto occupato, che va per la sua strada, finché il fischio della locomotiva avvertí che il treno stava per entrare in stazione.

Aspettò ancora un poco per consumare tutto il tempo di

piú e, presa la rincorsa, arrivò in stazione nel momento giusto di prendere il treno per la coda. Mostrò il suo biglietto di ritorno al conduttore e si cacciò nell'ultimo scompartimento che trovò ancora aperto.

Nel vagone non c'erano che due giovani sposi svizzeri o tedeschi, che probabilmente scendevano a passare la luna di miele in braccio alla sirena del mare. Si tenevano vicini e abbracciati, in mezzo a una montagna di valigette, di canestrini, di scialli, di ombrelli, colla spalla appoggiata alla spalla, le mani in mano, gli occhi perduti nell'infinito splendore del mare, abbagliati da quella luce che si rinforzava nel crepuscolo, mormorando paroline in cui si sentiva tutta la dolcezza del germanico «Liebe».

Essa era bionda, colle guancie soffuse di rosa, gli occhi azzurri, pieni d'innocenza e di verginità. L'anima di quella romantica creatura non aveva una macchia, e Dio vi si specchiava come in un cristallo.

«U barone» buttando un mozzicone dallo sportello, volse le spalle alla coppia felice e sputò sulla terra. Si attaccò colle due mani alla finestrella del vagone, vi appoggiò la faccia, sorreggendosi come un uomo stracco stracco, mentre gli occhi vuoti e gonfi guardavano di fuori senza vedere altro che un grande bagliore di colori fuggenti.

Finché il treno in ritardo sforzò la sua corsa, il rombo, le scosse, il fischio, la fuga delle cose, l'affanno stesso della corsa fatta per arrivare a tempo, il battimento dei polsi, il palpito precipitoso del cuore già affetto d'ipertrofia, non gli lasciarono il tempo di riflettere. Anzi per un quarto d'ora si obliò perfettamente, quasi assorbito dalle sue stesse emozioni fisiche. Man mano che il treno rallentava, egli cominciò a ricuperarsi, e trovò tutto sé stesso, entrando in stazione. E si meravigliò di sentirsi cosí sicuro e quieto. Scese e s'incamminò verso la città col passo di un uomo «convinto». Man mano che rivedeva le case, le botteghe, la gente, i soliti amici, andava ricuperando anche il senso della sua vita solita.

Prima di andare a casa, abbottonato bene l'abito fino al collo, volle fermarsi da Compariello, il liquorista frequentato dagli eleganti buontemponi di via Toledo, a bere un vermutte col seltz in ghiaccio.

Rimase un pezzo ad ascoltare le allegre cicatate del marchesino d'Usilli, direttore del veloceclub, grande maestro di barzellette.

L'Usilli, sapendo che il club della Fenice aveva pubblicato il nome del barone, lo trasse in disparte e gli disse sottovoce:

- Mi rincresce, Santa, che siano venuti a questo eccesso. Io ti ho difeso, ma hai avuto ventitré palle nere contro dodici bianche.

- Vuoi un po' di denaro per ritentare la sorte? fino a ventimila potrei trovartele e con poco interesse.

- Ecco gli animali! tutti mi offrono denaro, quando non ne ho piú bisogno - gridò Santafusca.

- Tu non avrai scoperta una miniera: so che ti trovi in seri imbarazzi, Santa. Abbi confidenza con un amico. È vero quel che si dice di te?

- Che cosa? - domandò «u barone» con voce alterata.

- Che non puoi restituire quindicimila lire al Sacro Monte delle Orfanelle?

- Spero di ottenere una dilazione... - mormorò il barone, chinando gli occhi. - Ma parliamo di Marinella. Che fa questa scellerata? dopo che la fortuna mi ha voltate le spalle, dice ch'io sono un brutto peloso. E Lellina è ancora fedele a di Spiano? O di Spiano paga e tu...

- Che cosa dici, Santa? Non farei un peccato di desiderio per Lellina... Bevi un assenzio?

- Marinella mi vuol bene! - esclamò il barone, mentre ingoiava é'un fiato un bicchiere di assenzio verde come lo smeraldo, che riscaldò la sua voce. - Marinella non odia che la mia sfortuna. Ma voglio fare un patto col diavolo come il vecchio Faust. L'anima mia gliela cedo tutta per un buon asso di picche, su cui abbia puntato centomila per tre volte. Ti pare che faccia pagare troppo cara l'anima di un peccatore di spirito? Vuoi provare intanto chi di noi due deve pagare l'assenzio? Aspetta, lasciami invocare il mio diavolo protettore.

I due signori si accostarono alla piccola roletta posta sul banco.

Il marchesino d'Usilli mosse la roletta e fece tre.

«U barone» fece diecimila.

- Vedi se non ho il diavolo con me?

- È un caso, si sa. Ecco, vedrai ora che il mio angelo custode mi dà...

Una grande risata tenne dietro a queste parole.

Usilli fece uno.

Santafusca toccò col mignolo e fece centomila!

- Ciò avviene sempre quando si giuoca per baia. Ma se tu avessi cento lire in tasca, Santafusca, vedresti che il tuo diavolo te le ruba tosto.

- Chi mi dà cento lire sulle corna del mio diavolo? - chiese «u barone», guardandosi intorno.

- Io te le do, Santa, giuoca, - disse il marchese di Spìano, che, entrato in quella aveva assistito al giuoco.

- Bravo, Vico. Giuochiamo queste cento lire.

Usilli fece tre.

«U barone» fece cinquecentomila.

Nuove risa e nuovi clamori.

- Non voglio il tuo denaro adesso - disse il fortunato vincitore. - Ma promettimi di giocare almeno una volta per cento lire stasera, in una partita di picchetto o a scopa.

Usilli si tenne obbligato per la sera. Santafusca bevve ancora una volta, e animato dalle ciarle, dal liquore, dalla fortuna, ritrovava al di sotto delle macerie le grazie del suo vecchio spirito di gentiluomo. E si stordí tanto bene che, uscendo e scendendo per Toledo in mezzo al via-vai delle carrozzelle e della gente, riuscí quasi a dimenticare il suo prete.

Non fu che rientrando in casa che riprovo un senso di pena. Era quasi notte quando la Maddalena venne ad aprire.

- O eccellenza, ben tornato. Quale fortuna?

- Porta il lume nella mia stanza, - brontolò il padrone.

E mentre la Maddalena correva ad accendere il lume, egli rimase un istante ad ascoltare le sue sensazioni, che si dibattevano coi fantasmi dell'alcool.

- Bestia! - esclamò a fior di labbro, forse contro l'Usilli; ma non era certo.

- Il lume è acceso.

Maddalena dalla faccia del padrone arguí che anche questa

volta egli aveva perduto, e andò a rannicchiarsi nella sua seggiola dì legno, dove per ore ed ore sedeva a ingannare il tempo e la fame, guardando le case e sonnecchiando a intervalli.

«U barone» chiuse colle spalle le portine della sua stanza e girò anche la chiavetta.

Era solo, al sicuro, e poteva finalmente mettere le mani sul tesoro. Ma ebbe bisogno di raccogliere ancora un poco di forza. Gli pareva di tornare da un lunghissimo viaggio, al di là dei mari, dopo tre o quattro anni di assenza, e non erano trascorse che ventiquattro o trenta ore dalla sua partenza. Lasciò che passassero anche queste sensazioni, e, acceso un sigaro, si abbandonò nelle braccia di una poltrona, dopo aver posto sulla scrivania il fascio delle sue carte.

Era tempo - pensava - ch'egli si facesse una ragione.

Se avesse creduto di ritrovare, tornando in casa, il fantasma del morto seduto su una sedia, non avrebbe accettato quella brutta speculazione. Ma era soltanto un uomo che il caso aveva trascinato ad una violenza. Gli rincresceva per il povero diavolo che ci aveva lasciata la vita: ma d'altra parte, pelle contro pelle, anche la sua valeva qualche cosa.

Era naturale ch'egli provasse nei primi giorni qualche spavento. Non si ammazza un uomo senza che il sangue non dia un tuffo. La natura vuol la sua parte, ma non piú che una parte, cioè una certa nausea che il barone era pronto a sopportare, finché fosse passata a poco a poco da sé.

Prete Cirillo era una carcassa già sacra alla morte. Il tempo avrebbe distrutto a poco a, poco ciò che la forza di un uomo distrusse subito. Era dunque questione di mesi e di giorni, che scompariscono in un numero grande di anni e sono un nulla nel tempo senza fine.

- Se al di là vi fosse veramente un Dio, - pensava a suo dispetto il barone, - il quale dal suo trono di cartone d'oro giudicasse di queste faccende, capisco ch'io starei fresco il giorno del giudizio; e non avrei gusto di veder risorgere il mio prete dalla sua cisterna. Ma poiché io sono convinto che al di là non c'è nulla e che il cielo non è che una soffitta dove collochiamo le idee che non usiamo piú, di chi, di che avrò paura? delle ombre? dei sogni? del diavolo? delle baie dei preti? Dunque, da questa parte possiamo vivere in pace. Prete Cirillo non ha fatto che pagare un poco prima del tempo il suo debito alla natura, e se lo meritava un poco, perché egli era avaro, una sanguisuga dei poveri e in fondo non cercava che di strozzar me, pigliandomi per la gola nelle strette del bisogno.

«U barone» aveva bisogno di ripetere queste cose per inchiodarsele indosso.

- Tra me e lui si è combattuta la grande lotta per la vita. La vittoria, come sempre, fu del piú forte, vedi Carlo Darwin.

«U barone» voltava la testa e pensava ancora:

- Il pericolo, la paura, lo spavento terribile, il castigo eterno è che la faccenda caschi nelle mani della Polizia. La società ha troppo interesse nel rispetto del diritto, perché non perseguiti con accanimento coloro che lo violano. Nel rispetto dei diritti e delle leggi ogni debole trova la sua difesa e la sua protezione, e l'egoismo di ciascuno viene a creare questo grande egoismo sociale che si chiama la legge.

Ed egli cercava di inchiodarsi addosso anche questo:

- È un morto pericoloso. Ma tu, - pensava soffiando il fumo verso il soffitto - tu hai provveduto con tutti i riguardi, e il signor commissario, i signori giornalisti, i signori gendarmi e il signor pubblico non saranno disturbati da te. La società è come le donne tradite, «occhio non vede, cuore non duole».

E mentre la sua mente girava in questo circolo, sentiva a poco a poco il sangue scorrere piú regolarmente, il cuore battere con maggior pace e le idee diventare sempre piú lucide e precise.

Quante altre paure e superstizioni non meno vane e inutili avevano turbata la sua infanzia, quando la Maddalena gli contava le storie dei maghi, dei folletti e dei morti che ballano nel cimitero!

Noi siamo sempre un po' bambini sulle ginocchia della superstizione.

- Animo! Vediamo il nostro conto.

Scosse la testa, scosse la persona, si fregò la fronte ed incominciò a sciogliere il pacco dei denari.

Il prete aveva portato, oltre al denaro per il contratto (circa quarantamila lire), molti titoli di rendita, e una lunga lista di numeri e d'indicazioni d'altre cartelle al portatore rappresentate da una polizza. - «U barone» non aveva che a presentarsi allo sportello del Banco, gettare la polizza e ritirare i titoli.

Trovò insieme ai valori anche la ricevuta lasciata dal presidente del Sacro Monte a don Cirillo per saldo delle quindicimila lire che Santafusca doveva all'istituto.

Il prete gli aveva anche risparmiato l'incomodo di recarsi egli stesso dagli amministratori, e piú che l'incomodo, il fastidio di dover giustificare l'origine del denaro.

Trovò anche una lettera di Vico Spiano che diceva:

«Il mio amministratore mi ha parlato ieri della S.V., la quale sarebbe pronta a rilevare una ipoteca di lire diecimila che vanto sulla villa di Santafusca. Per conto mio non ho difficoltà a concederlo, ma ne parli col signor barone e col ragioniere Omboni...»

Il barone pensò che questa circostanza poteva dar luogo a qualche indagine. Il marchese di Spiano era un uomo troppo distratto per occuparsi di affari, ma non doveva essere contrario a pigliare dei denari pronti e sicuri contro una ipoteca che non rendeva nulla. Se il prete gli aveva parlato dell'ipoteca e del suo desiderio di comperare la villa, nulla di piú naturale e di piú semplice che il marchese cercasse un giorno o l'altro di questo don Cirillo. Non trovandolo in Napoli (sulla lettera c'era l'indirizzo dei prete) avrebbe potuto pensare che Santafusca ne sapesse egli qualche cosa, e quindi gliene parlasse alla prima occasione. Era un forellino che bisognava otturare per rendere l'edificio della sua coscienza piú solido e piú sicuro. Come doveva fare?

Due colpi secchi, che risonarono nell'uscio, lo fecero tutto a un tratto trasalire.

- Chi è? - gridò con voce strozzata, stendendo le mani istintivamente sulle carte.

- Volevo dire, eccellenza, che mezz'ora fa è stato a cercare di vossignoria un prete.

Cosí la voce flebile e tremante di Maddalena dietro l'uscio.

- Che prete? io non conosco preti... - gridò esagerando la voce «u barone».

- Ha detto che tornerà.

Successe a queste parole un gran silenzio. Maddalena si allontanò, strascinando le pianelle. Il barone era rimasto irrigidito colle dieci dita aperte e curve sul denaro.

Chiuse le cartelle e i denari in un cassetto della scrivania, tranne qualche centinaio di lire che prese con sé per tentare la fortuna. Si vestí con pazienza, come soleva fare nelle grandi occasioni, avendo la cura di chiudere gli abiti da viaggio in un cassettone, dal quale levò la chiave. Chiuse l'uscio della camera, e mettendosi la chiave in tasca, disse a Maddalena:

- Stanotte non torno a casa.

- Non sprechi la sua salute, eccellenza - disse la buona vecchietta colla sua voce piagnucolosa.

- Lascia fare a me. Domani ti porterò del denaro.

E soffermatosi sulla soglia, dopo un istante di silenzio, soggiunse:

- Non ti ha detto che cosa voleva quel prete?

- Nulla mi ha detto.

Il barone uscii.

Erano le sette quando egli si accorse ancora di aver fame. Non aveva toccato cibo tutto il giorno, e ora si sentiva quasi le vertigini, le gambe e le braccia stracche... le braccia specialmente.

Pensò di pranzare al caffè dell'Europa.

Dieci minuti dopo un cameriere, lindo e lucido come un lord, attendeva i suoi comandi in una bella sala piena di specchi e rilucente di oro. Molti stranieri e qualche diplomatico finivano di pranzare a una tavola comune. In un vicino salotto i due sposini tedeschi susurravano parole dolci a una melarancia che stavano sbucciando, toccandosi fronte a fronte. L'assassino entrò con passo risoluto, coll'occhio altiero dell'uomo abituato a vincere, e andò a sedersi a un tavolino, accolto con rispettosa premura dal cameriere, azzimato anche lui come uno sposino.

Il barone era conosciuto anche all'Europa come un uomo sempre piú splendido coi camerieri, quanto piú era grosso il debito ch'egli aveva col padrone. Scorse la lista dei piatti, segnò tre o quattro cose colla punta del coltello e disse solamente:

- Vino!

L'aria calda, pregna di succhi odoranti, la bellezza del

luogo, il bagliore dei cristalli e i primi fumi di un eccellente Médoc, finirono col trasportare «u barone» lontano dal suo prete. I pensieri cominciavano a uscire dalla loro fissazione e la «faccenda» si annebbiava nella memoria, come un sogno confuso all'entrare del mattino chiaro nella stanza.

Alle dieci, dopo aver data un'occhiata al San Carlo, dove si rappresentava una discreta «Aida», si ricordò che l'Usilli l'attendeva al club.

Fu ricevuto freddamente e quasi sdegnosamente dai pochi che sedevano ai tavolini; ma l'Usilli, che l'aveva preso sotto la sua protezione, disse a voce alta:

- Amici, Santafusca è uomo onesto ed è venuto per vincere cento lire a me e per tentare ancora una volta la fortuna. Dice che ha il diavolo dalla sua...

- Un diavolino... l'ultimo - disse il barone ridendo con isforzo, e suscitando l'ilarità di chi vinceva.

Alle undici egli vinceva già diecimila lire.

L'Usilli stuzzicato, caldo di smania, puntava come un matto e perdeva sempre.

Davvero, c'era da credere alla leggenda del vecchio Faust.

A un'ora dopo mezzanotte «u barone» giocava ancora... e vinceva.

VI

FILIPPINO IL CAPPELLAIO

Filippino, il povero cappellaio, tormentato dai creditori e dagli uscieri, scrisse diligentemente i tre numeri dati dal prete:

4, 30, 90

Poi andò nella camera della moglie malata a prendere consiglio.

Donna Chiarina, una cara creatura innamorata di Dio, vide in questo incontro con prete Cirillo un aiuto del cielo e volle che Filippino vendesse anche un suo braccialetto d'oro per avere i denari.

Quando una barca sta per affondare, si butta ogni cosa in mare e si procura di salvare almeno il legno. Se poi la barca vuole andare a picco, è la volontà di Dio.

Cosí pensava Filippino, un uomo secco, che pareva cotto sotto la cenere, ma non intricato nelle faccende sue.

Per tutto il venerdí e per due terzi del sabato, si osservò in casa un rigoroso digiuno per implorare la benedizione del cielo. I figliuoli vedevano girare il sole con tutti i pianeti. Donna Chiarina, che non poteva muoversi dal letto, non fece che dire rosari tutto il tempo.

Passò il venerdí, per quanto paresse eterno. Passò anche parte del sabato, e, prima delle tre, Filippino, salutata la moglie e accompagnato da' suoi quattro figliuoli, si avviò verso la strada di Santa Chiara per assistere all'estrazione dei numeri.

Molta gente era raccolta nella corte, sotto il portone e in un vicoletto vicino, ed erano specialmente operai, pescivendoli, acquaioli, donne vecchie e giovani, tutta povera gente che attacca al lunedí la speranza a una funicella e vive tutta la settimana, toccandovi sopra il pane asciutto.

La speranza è niente, ma dà un buon sapore alla roba.

Donna Chiarina, accese due candele innanzi a una immagine miracolosa di Nostra Signora di Loreto, seguitava a pregare con tanto fervore, che avrebbe potuto sfondare le porte del paradiso.

- Zitti, zitti, eccoli... son qua... - Chi? - L'autorità, il ragazzo, le guardie. - Oggi vinceranno i numeri del terremoto. - C'è il fatto dell'inglese che si è impiccato all'albergo – È il 18 il numero di quest'oggi, vedrete, Nunziatella...

Questi erano i discorsi che faceva quella gente, agglomerata e tormentata dal desiderio e dalla curiosità.

Molte speranze si accendono e bruciano il cuore come un carbone vivo; vengono gli ultimi dubbi, gli ultimi scoraggiamenti; si ciarla, si ride per stordirsi.

Zitto, il ragazzetto cogli occhi bendati, col braccio ignudo, dall'alto d'un palco tuffa la mano nell'urna, estrae un rotolino di carta, che passa al signor delegato, vien scritto su un libro, viene esposto in una tabella, e il banditore grida: - *Quattro!*

- Papà, papà, il *Quattro,* - gridano i ragazzi in mezzo al

susurro che tien dietro al primo numero.

- Non vuol dir nulla, ragazzi. Tutti possono pigliare un numero come si piglia un pesce morto colle mani. È il terno che ci vuole.

Cosí dice Filippino, a cui quel primo numero ha fatto battere terribilmente il cuore.

Succede un nuovo istante di silenzio. Il ragazzino tuffa ancora la mano nell'urna, tira il numero, questo vien scritto, esposto, e il banditore grida: - Trenta!

- Papà, papà, papà... - strillano i quattro ragazzi come quattro aquilotti.

Filippino, colla voce e coll'anima sconcertata, mentre nella folla cresce il susurro, sentendo che sta per perdere la testa, chiama i pensieri a partito e sgridando i figliuoli dice:

- Tacete, allocchi. Che vogliono dire due numeri? si può avere il capo e la coda del pesce e non avere il pesce. La fortuna è come l'onda del mare grosso che vi spinge a terra, ma non vi lascia mai sbarcare e qualche volta vi ammazza sullo scoglio. Vedi tu bene, Angiolillo, che sia proprio il *Trenta?*

Filippino sollevò il piú piccolo de' suoi figliuoli, perché leggesse i numeri al di sopra delle teste, il padre aveva la nebbia negli occhi.

- È il trenta, lo conosco bene - gridò il bimbo.

- Ebbene, fate conto che non sia venuto niente. Noi dobbiamo vincere il terno secco, o non è che un pugno di mosche.

- Dicono che «u governo» levi dall'urna i numeri pericolosi - disse un grosso fabbro a una bella ragazzona del Mercato.

- Il lotto è una trappola - rispose costei.

- Come l'amore, speranza mia! - disse il fabbro, che avrebbe voluto tingere la bella guancia.

Filippino procurava di stare attento a questi discorsi per distrarsi, per non soffrir troppo, per ingannare il tempo. Se ci fosse stata la sua Chiarina... ma la pia donna sognava in quel momento un nido di rondini. Egli non cessava intanto di tirare i riccioletti d'Angiolillo come se volesse spennacchiarlo.

Il. ragazzo tuffa per la terza volta il braccio nell'urna. Tira il numero, che vien scritto, pubblicato, e il banditore questa volta con voce da cannone grida:

NOVANTA!

Filippino seguitava a dire macchinalmente:
- Mosche, mosche, mosche...
Un grande uragano di voci accolse la comparsa del

90

del gran signore del lotto, di questa illustre quantità, che nella sua pontificale maestà viene in fondo alla processione degli altri numeri, ultimo della serie, simbolo dell'abbondanza.

- Papà, paparino, il novanta, il terno, guarda, papà...

I ragazzi hanno un bel gridare. Filippino, come se avesse ricevuto una mazzata sulla nuca, tentenna il capo, straluna gli occhi, contorce la bocca e seguita a ripetere:

- Mosche, mosche.

Intorno a lui si fece l'Ombra che avvolse Nostro Signore sul monte. Le gambe non lo portavano più. Sentiva i ragazzi che strillavano, che sì arrampicavano sulle gambe, ma egli non vedeva più nulla.

- Aiuto, aiuto!
- Che c'è?
- Gli vien male.
- Chi è?
- Un epilettico.
- Ha vinto un terno. È il caldo. Portatelo fuori. Fate venire una carrozzella. Largo, largo, galantuomini...

Accorrono alcune guardie municipali. Filippino è sollevato, portato fuori dalla folla e dietro si fa un codazzo di gente che interroga, che esclama, che dice la sua, commenta, attacca la frangia.

Angiolillo, svelto come un uccellino, è volato a casa a portar la notizia alla mamma.

Mezz'ora dopo, in Mercato non si parlava d'altro. Filippino il cappellaio aveva vinto un terno secco datogli dal prete Cirillo in cambio di un cappello.

Prima di sera il nome di Filippino il cappellaio e quello di prete Cirillo erano sulle bocche di tutti.

- La vincita è grossa. Chi dice cento, chi duecento, chi trecentomila lire. Don Nunziante ha visto la polizza e sa che Filippino ha giuocata la vita de' suoi figliuoli. Non poteva «u prevete» contentarci un po' tutti?

Il vespaio stuzzicato dalla meraviglia, dall'invidia, dalla stizza, dalla passione, suscitò una mezza rivoluzione nelle piccole strade, nelle botteguccie, presso i banchi del pesce, specialmente in Mercato dov'era la casa del prete.

Uscí fuori anche Gennariello, il ciabattino, che aveva in consegna la chiave della casa e che da due giorni non vedeva tornare lo zio. Comparve sulla sera anche don Ciccio Scuotto, il famoso «paglietta» o avvocato dei preti, che aveva ricevuta la lettera di don Cirillo. Aprí la casa, in mezzo al gran bisbiglio delle comari spettinate, che strologavano sull'accidente. Il prete mancava da casa da giovedí; Ciamminella l'aveva veduto uscire all'alba e non era piú tornato.

Gennariello, che aveva fatto un debito per giuocare i numeri dello zio prete, restò istupidito tutta la sera e non gli si poté tirar fuori una parola di bocca.

La gente lo compativa.

- Va, credi alla carità dei parenti, povero martire! A te ha dato i numeri falsi, perché sei figliuolo di sua sorella, e ha dato i buoni al marito di donna Chiarina.

- Sposa amorosa e fresca - cantarellava l'acquaiolo. - Chi non regala volontieri qualche cosa a una bella donnina?

- Son cose in cui c'entra il diavolo, Ciamminella, e non vorrei toccare un soldo di quei denari.

- Nemmeno io, Carmela. Chi compra la fortuna vende l'anima.

Né minore era la folla e il subbuglio davanti alla bottega di Filìppino.

Il pover'uomo, portato a casa mezzo morto, trovò la moglie mezza morta nel letto. Tutta la domenica fu un giorno di sospiri, di esclamazioni, di piccoli svenimenti, con un gran consumo di acqua di melissa e di fior di arancio. Per fortuna era festa e la bottega stette chiusa. La gente nella piazzuola, quanto fu lungo il giorno, rimase a contemplare i battenti, le gelosie, la ditta, come accade sul luogo di un grande delitto di sangue, tanto che il medico dovette entrare in casa, passando dalla porta del vicino dopo aver sfondato un tavolato di mattoni.

Don Nunziante il notaio, incaricato da Filippino, trovò il mezzo di interrogare il commendator Berti, direttore generale del Regio Lotto, sull'entità della vincita e sui modi della riscossione e venne verso l'ora del pranzo a dire che, fatti tutti i calcoli necessari, e sottratta anche la parte di trattenuta per ricchezza mobile, ecc., Filippino Mantica aveva diritto a 455.000 lire, non un mezzo milione, ma giú di lí.

I coniugi Mantica ascoltarono con un senso di tristezza questo gran numero.

Essi temevano che fosse l'effetto di una febbre, o che c'entrasse qualche malefizio. Questo stordimento, questo sonnambulismo, durò fino al lunedí, quando il medico li persuase a lasciarsi cavare quattro dita di sangue.

Ma dobbiamo tornare indietro e seguire passo passo il barone.

VII

TROPPA FORTUNA

COSTUI, come abbiamo detto, giocava e vinceva sempre. Mentre distribuiva le carte al marchese Vico Spiano, colse la palla al balzo per tirare il discorso sulla questione della ipoteca. Senza alzare gli occhi dalle carte, gli disse:

- Fu da me ieri un certo prete a dirmi che tu avevi promesso di cedergli l'ipoteca di Santafusca.

- È vero, me ne ha parlato il mio amministratore, mostrandomi la convenienza dell'affare. Ho scritto al prete, ma non l'ho mai piú visto.

- Immagino chi possa essere, - soggiunse il barone, distendendo tranquillamente le carte sulla tavola. - Io era venuto nell'idea di vendere anche quei quattro sassi, per far onore ai miei debiti di giuoco. Ma oggi la fortuna «va cangiando stile», come dice il Petrarca. Se tu hai tempo, posso rilevare io stesso la tua ipoteca...

Il barone rise forte alzando gli occhi all'orologio. Erano appena le due di notte e i gentiluomini si divertivano tanto che avrebbero fatto male a smettere cosí presto.

- Resto fino a coprire la somma dell'ipoteca - disse il marchese di Spiano, - e giuoco i miei crediti.

- Poiché ho il diavolo dalla mia, non abuserò della posizione. Voltiamo queste quattro carte. Ecco qua la donna di bastone. Hai sonno, Vico?

- Un poco.

- Facciamo dunque i conti di banco. Tu mi devi ottocento lire: e poco per pagare l'ipoteca. Ma se vuoi arrischiarla tutta sul mazzo, lascio a te il taglio. Ecco qua il mio denaro.

Il marchese prese il mazzo, tagliò. Perdette.

- Ora siamo in pace, - esclamò il barone ridendo nella barba. - Con tuo comodo mi fai avere a casa quel documento. Le ombre dei vecchi Santafusca si rallegreranno. Quell'ipoteca era una macchia d'olio sopra un vecchio arazzo...

Poco dopo «u barone» stanco, affranto dalle fatiche, dalle emozioni, dal giuoco, si addormentava sopra un canapè nella sala stessa del club, e si addormentava di un sonno tenace e vischioso come la pece.

Turbata meno da sogni che da visioni rapide e sconnesse, la sua mente si ravvolgeva nel fondo oscuro di un sillogismo, che usciva dalle piú cupe caverne del cervello, si affacciava rotto, lacerato, velato in parte; e dava quindi una pena insopportabile lo sforzo che in mezzo a fantasmi sucidi e pieni di ragnatele egli doveva fare per mettere insieme i brandelli di quell'argomentazione scucita, che ricadeva sul suo capo col volo pesante di un uccellaccio. Passavano in quel sonno di piombo cose luminose e cose nere, pezzi di mare, pezzi di muro grigio, macchie biancastre di calce viva, rotte scale di cantine e di sotterranei; in mezzo alle quali cose si raggirava il suo sillogismo coll'aspetto di un prete che andasse rovistando qualche cosa nelle spazzature. E quel prete non era infine che il dottor Panterre, vestito da prete, per burla, con quella sua faccia a grossi zigomi, che rideva... e poi tornava ancora il concetto che si ficcava dolorosamente tra le pieghe della materia cerebrale e diceva:

«L'uomo vale una lucertola...».

Cosí riposò, ronfiando col versaccio dell'orso, fino alle nove del mattino.

Quando aprí gli occhi si guardò intorno e stentò a riconoscere il luogo. La luce scialba d'una giornata piovosa entrava pei finestroni e versava la sua tristezza sui tavolini da giuoco, sulle sedie in disordine e nell'aria della sala deserta e fredda, che poche ore prima era risonata di risa, di ciarle, di pugni e di bestemmie.

Sopra un piatto d'argento brillavano le marchette di oro e i biglietti variopinti, che rappresentavano la vincita del barone, come egli l'aveva lasciata sulla tavola prima di chiudere gli occhi.

La vista di tutti quei denari richiamò alla memoria del giuocatore le ultime impressioni della notte, riconobbe il luogo, si ricordò d'aver giuocato disperatamente, e un'ultima eco del frastuono e delle ciarle della notte si risvegliò nella sua testa confusa.

Per quanto egli avesse dormito piú del solito, si sentiva gli occhi affumicati, la bocca amara e un senso di tristezza in tutto il corpo, di cui non sapeva rinvenire la cagione. Quindi a poco a poco, e quasi risalendo di sensazione in sensazione, come se montasse una ripida scala a piuoli, si ricordò di aver pranzato al caffè dell'Europa, di aver trovato l'Usilli, di aver viaggiato il giorno prima, di avere... Arrivato in cima alle sue reminiscenze, trasalí, si guardò intorno spaventato, si mise a sedere, sentí i polsi del capo battere con violenza, il cuore farsi piccino e stretto.

Per fortuna era solo.

Lasciò che passassero anche queste sensazioni. La vita è un fiume che dopo un uragano ha le acque torbide; ma lasciate passare dell'acqua, e a poco a poco il fiume andrà schiarendosi.

Toccò il bottone d'un campanello ed ordinò a Raffaello, il custode del club, un caffè con molto rhum.

Stette un poco a discorrere con lui di cose indifferenti, per abituare la voce e per muovere lo spirito.

Raccolse il denaro senza contarlo, riflettendo in cuor suo che, se la fortuna fosse arrivata un giorno prima, egli avrebbe potuto risparmiare di ammazzare il prete.

- Il paradiso e l'inferno sono in fondo a un sacchetto. Tu vi cacci la mano e tiri a sorte...

Cosí brontolava, scendendo lo scalone. Si sentiva stracco... specialmente le braccia.

Giunto sulla porta, stette ad osservare svogliatamente il via-vai della gente che si rimescolava in varie direzioni, col passo lesto e dritto di chi sa dove va e quel che fa. Non piOVeva piú, ma l'atmosfera era bigia, carica di vapore. Le strade fangose, tetre.

Egli si sentiva una volontà piena di stoppa. Non sapeva se andare a casa, o se far visita a Marinella, o se doveva far colazione. Non aveva fame, anzi si sentiva la bocca amara ed impastata.

Passavano carrozzelle, birocci, omnibus pieni di gente: ognuno aveva un pensiero in capo, una voglia in corpo, qualche cosa da dire, da portare, da ricevere. Egli si trovava invece d'essere un uomo perduto in mezzo alla gente, precisamente come se la fatica fatta per ammazzare quel prete avesse consumata tutta la freschezza della sua vita e vivesse in sé come un uomo secco in un guscio secco.

Uno strano desiderio lo condusse verso i quartieri popolari del Mercato: ma a un certo punto si fermò. Gli sembrò che Napoli fosse piena di preti. Non ne aveva mai visti tanti. Ne spuntava uno ad ogni angolo. Forse egli ci badava per la prima volta. Quanti preti!

Cominciò ad osservare le stampe e le fotografie, davanti alla bottega d'un libraio, e si lasciò tentare a comperare i «Viaggi di Stanley nel Continente africano». Aveva bisogno di emigrare almeno col pensiero, finché molta acqua fosse passata.

Ma sentiva già che è piú facile uccidere un uomo, che uccidere un pregiudizio.

Egli non avrebbe potuto rassegnarsi a vivere cosí, a minuto a minuto, come un orologio. Bisognava dare alla vita una buona scossa e far cadere con un colpo tutte le foglie morte.

VIII

IL CAPPELLO

Quattro o cinque giorni dopo il terribile fatto che abbiamo

raccontato, don Antonio, il parroco di Santafusca, stava in giardino tutto occupato a dar da bere alle sue rose, e rimproverava le signore formiche, che si mostravano troppo indiscrete verso un uomo, che avrebbe potuto adoperare contro di loro il fuoco e lo zolfo.

Prete Cirillo dormiva silenziosamente nella sua cisterna sotto il mucchio dei mattoni.

Il bellissimo sole del mattino, passando in mezzo al fogliame del pergolato, riempiva il viale e la persona del vecchio parroco di macchie d'oro tremolanti come tante fiammelle.

Ne' suoi robusti settant'anni, don Antonio godeva la gioia della brezza mattutina. Il mattino è la giovinezza del giorno, una giovinezza che torna ogni giorno, mentre l'altra, ahimè, una volta passata non ritorna più.

Tuttavia il buon vecchietto, che sentiva stillare sui capelli d'argento la fresca rugiada de' suoi fiori, pensava che nell'amor di Dio si è sempre giovani abbastanza e che il cuore dei buoni non invecchia.

Cosí pensava, coll'innaffiatoio in mano, quando venne Martino a corsa a dire che Salvatore era caduto sulla strada preso da un gran male. Corresse don Antonio giú verso la villa coll'olio santo, se pure c'era tempo ancora. Corresse di qua, mentre egli correva di là a suonare la campana.

Don Antonio lasciò in fretta le formiche, corse in chiesa, prese il suo tricorno per ripararsi dal sole, intascò la stola e il vasetto, dei sacri unguenti e, come gli permettevano le gambe, scese verso la villa preceduto da alcuni contadini, che avevano aiutato a portare Salvatore in casa.

Il poveretto era proprio agonizzante. Un secondo colpo era caduto a rompere un esistenza già sconquassata. Salvatore abitava nella villa una cameruccia a terreno, che nei tempi antichi aveva servito di muda agli uccelli. Pochi stracci, un vecchio canterano, un paio di sedie, un pagliericcio, formavano tutta la sua ricchezza. A capo del letto pendeva il vecchio fucile, che da dieci anni non aveva ucciso un uccellino. La ruggine se lo mangiava silenziosamente.

Il moribondo non mormorò che poche parole inconcludenti; ma don Antonio, pensando che s'era confessato l'anno prima e che d'allora in poi il meschino non aveva avuto nemmeno la volontà di peccare, lo assolse *«in articulo mortis»*, lo benedisse, e gli chiuse gli occhi *«in vitam aeternam, amen».*

Martino rimase a custodire il morto in compagnia del procaccia comunale.

- Ecco un uomo arrivato al suo porto - diceva fra sé stesso il vecchio piovano, ritornando verso la canonica.

E mentre andava pensando al modo di fargli un poco di funerale e alle parole che doveva scrivere al barone per dargli la ingrata notizia, venendo su molle molle per lo stretto sentiero, vide sul terreno l'ombra del suo cappello sbattuta dal sole e si fermò. Girò un poco il capo per far giocare l'ombra in terra e gli parve che non fosse l'ombra solita, voglio dire quella che da tanti anni lo accompagnava nelle sue passeggiate al sole.

La differenza era nelle tese. Mentre di solito il suo largo triangolo colle ali distese come una vela al vento riempiva dell'ombra sua quasi tutto il viottolo, dando l'immagine d'un uccellaccio che traversi colle ali stanche un braccio di mare, questa volta l'uccellaccio aveva qualche cosa in sé di piú svelto, di piú aggraziato, pareva insomma il figliuolo del primo.

Non sapendo come spiegare lo strano fenomeno, don Antonio si levò il triangolo dal capo e vide ch'era avvenuto uno scambio. Non era piú il vecchio cappello dall'antico pelo, dagli orli corrosi, dalle rosse ammaccature, ma un fior di cappellino nuovo fiammante di zecca, coi nastrini di seta, la fodera di seta azzurra come la mozzetta dei monsignori, un vere cappello da monsignore.

- Come va questa faccenda? - esclamò don Antonio. - Io ho letto nelle sacre carte che un corvo portò un pane al profeta Elia; ma non ho mai letto che Dio mandasse anche i cappelli nuovi ai poveri preti.

Il piú bello si è che il cappellino pareva fatto a pennello pel suo capo, come se veramente la mano di Dio avesse presa la misura.

Non sapendo come spiegare il mistero, ma sicuro in cuor suo che lo scambio era avvenuto nella stanza del morto, non disse nulla per il momento a Martino; ma quando tornò per il funerale, girò gli occhi intorno e vide che veramente il suo cappello d'antico pelo era rimasto sopra una sedia in un angolo e che egli aveva preso il nuovo d'in sul canterano, dove vedevasi ancora il segno nella polvere.

La coscienza avrebbe voluto che egli lasciasse il nuovo al suo posto senza cercar altro e ripigliasse il suo; ma sul punto di uscire col morto, fosse distrazione, fosse una cattiva suggestione dello spirito malvagio, che trionfa di piú quando può conquistare una coscienza delicata, fatto sta che il buon prete prese ancora il nuovo e lasciò il vecchio sulla sedia.

- Questo non è rubare, - diceva la coscienza, mentre il funerale si avviava al camposanto, - perché non si ruba nulla ad un povero morto, prendendogli il cappello. Laggiú, sotto la terra, non c'è pericolo di pigliare un colpo di sole. E poi io devo ben pagarmi in qualche modo di questo funerale. Salvatore non lascia indietro che il suo cane, e se aspetto che paghi per lui quel vecchio libertino del suo padrone, sto fresco. Resta a vedersi, - mormorava la coscienza incontentabile e schizzinosa, - resta a vedersi se il cappello era proprietà di Salvatore o non si trovasse per caso nella cameretta, o se egli l'avesse ricevuto in consegna. D'altra parte io lascio in luogo del nuovo il mio usato, e quando il padrone del primo si sarà accorto del cambio, potrà venire alla canonica a reclamare.

Acquietata la coscienza in questo pensiero, ne parlò la stessa sera a Martino, l'ex-cappuccino, che era fine nel risolvere i casi di coscienza: e anche costui trovò naturale che don Antonio usasse di un cappello che in fondo era di nessuno. Per togliersi tuttavia anche le ultime pagliuzze dalla coscienza, il prete non lesinò sui suffragi e recitò una messa da morto indirizzata tutta a sollievo della povera anima di Salvatore.

E si tenne il cappello.

Salvatore era morto senza poter dire come questo si trovasse nella sua stanza.

Avrebbe potuto dirlo il suo cane, che, andando secondo l'abitudine sua a raspare nelle paglie della stalla, l'aveva trovato in un cantuccio e l'aveva portato al padrone, come usava fare cogli storni a caccia.

Ma i cani non parlano.

IX

IL PRETE RISUSCITA

Aveva ragione il barone. Passati i primi tre giorni, le sensazioni cominciavano a schiarirsi, la vita rientrava a poco a poco nelle sue abitudini e l'uomo forte e positivo si abituava a guardare in faccia al suo misfatto, come a un fatto qualunque non peggiore degli altri.

Il marchese di Spiano gli fece avere a casa l'atto d'ipoteca che il barone gettò sul fuoco insieme alle lettere del prete e ad altre carte inconcludenti. Cosí anche da questa parte poteva dormire tranquillamente. Bruciò anche i valori in cui fosse scritto il nome del prete, ma ne restò ancora un cassetto pieno. Oltre alle vincite fatte al club «u barone» avrebbe potuto mandare al Banco di Napoli a riscuotere quasi novantamila lire in tante cedole di Stato al portatore; non c'era pericolo che il prete fermasse i numeri delle cartelle. I morti fanno il morto, e volontieri, pare.

Al club lo accoglievano con simpatia: Marinella non gli aveva mai voluto tanto bene.

- Tu dovresti condurmi a Parigi, barone - diceva la graziosa ninfa, circondandolo colle sue magnifiche braccia.

- Perché no, Nelluccia? È un progetto a cui si può pensare.

Un viaggio a Parigi, un cambiamento d'aria non avrebbe fatto male a un uomo che stentava ancora un poco a ricuperare sé stesso. Egli non amava Marinella piú di quanto gli poteva dar piacere: ed essa era una creatura abbastanza sciocchina per non annoiarlo con dimande inutili e con questioni metafisiche. Passò il venerdí, il sabato, la domenica, venne il lunedí e nessuno al mondo uscí fuori a chiedergli notizie del prete.

Di tanto in tanto, quando lo ripigliavano le tristezze, faceva «un bagno di filosofia», voglio dire cercava di richiamare alla mente i principii sui quali il mondo si basa come un paiolo sul treppiedi, che una cosa val l'altra, che un uomo non è piú che una lucertola, che tutto si riduce alla materia, e che nulla potendo essere di ciò che esiste, egli non aveva fatto che modificare l'esistenza del...

Si abituava già a sottintenderlo, modo anche questo utile

per spegnerlo del tutto.

Un giorno egli leggeva il «Trattato delle cose» del celebre dottor Panterre, il terribile nichilista, e si compiaceva di trovare formulato in splendidi aforismi quelle consolazioni e quelle dimostrazioni che la sua mente vedeva soltanto in confuso.

«Una palla di cannone che viaggi colla velocità di cinquecento metri al minuto secondo» diceva un capitolo del celebre libro «lanciata dalla terra al sole impiegherebbe nove anni e mezzo per arrivarvi. E il sole è l'astro a noi più vicino. Per giungere a un'altra stella, la più vicina dopo di lui, la palla impiegherebbe più di nove milioni d'anni. E per giungere alla più lontana stella visibile? - diciottomila milioni di anni... Provate a scrivere questi numeri spaventevoli: provatevi a pensarli! E al di là di quella stella di sedicesima grandezza il telescopio scopre mondi di nebulose, che sono forse altrettanti universi di stelle. Ah, dolce filosofo, che cos'è la tua vita in questo spazio?

«Tutta l'umanità veduta insieme a cento miglia di altezza non è che una muffa microscopica vegetata nei luoghi più umidi d'una crosta.

«Se il sole per un capriccio viaggiasse una sola giornata lontano da noi, questo bel globo fiorito si cangerebbe nel tempo d'un fiat in una pallottolina di ghiaccio. Chi saprebbe trovare in quel ghiaccio i tuoi eserciti, o imperatore di tutte le Russie? Qual potenza di lente occorrerebbe per rintracciare al di sotto di un blocco di ghiaccio i tuoi quaderni sulla "Ragion pura", o pretenzioso filosofo di Könisberga? In questi grandi rapporti a base di zodiaco, che cosa sono i miei debiti col mio vicino?».

«U barone», leggendo questi aforismi, sentiva la coscienza allargarsi e spianarsi nell'immensità dello spazio e del tempo. Una profonda tranquillità, somigliante al muto fatalismo orientale, sottentrava all'uggia e alle punture d'un pensiero rattrappito negli angoli della vita comune. Egli riposava superbamente e stupendamente in quello spazio di milioni e milioni di raggi terrestri, nel quale vedeva sprofondarsi il corpicciuolo magro del suo vecchio prete.

E si sarebbe addormentato ancora in questa metafisica visione, se Maddalena non avesse a un tratto picchiato due colpi secchi colle nocche nell'uscio. «U barone» trasalí.

- Eccellenza, stamattina c'è stato ancora quel prete.

- Che cosa vuole? - chiese con voce torbida il barone.

- Vuol parlare con vostra eccellenza.

- Ha detto come si chiama?

- Non ha voluto dirlo. Tornerà.

Il barone cominciava a seccarsi di quest'altro prete che gli ronzava intorno come un moscone. Egli non conosceva nessun prete, tranne il... *suo.* Chi poteva esser costui che già due volte era venuto a cercarlo a casa sua, e che non voleva dire il suo nome? Non già ch'egli temesse l'ombra di prete Cirillo, si sa «u barone» non era Macbetto.

Ma prete Cirillo poteva avere degli amici, che conoscevano le sue intenzioni; e se questi amici venivano a chiedere di lui...

L'occhio, fisso e cristallizzato in questo pensiero, era andato a cadere sul foglio dell'almanacco americano attaccato a una delle imposte sulla finestra e che portava ancora il grosso numero nero

4

il giorno del famoso fatto.

Quel 4 restava come un atto d'accusa e il barone si alzò per distruggerlo, quando udí ancora la voce di Maddalena che disse:

- Eccellenza, c'è una lettera.

Ogni piccolo avvenimento era per lo sciagurato un motivo di apprensione o di paura; molt'acqua ancora bisognava che passasse, prima di poter vedere in fondo alle cose con serenità di spirito.

Perdette di vista l'almanacco e corse a prendere la lettera.

Veniva dalla posta e portava il bollo di Santafusca.

La mano tremò tanto, che la lettera scivolò dalle dita e cadde in terra. Chiuse in fretta l'uscio, raccolse la lettera, e premendo nello stomaco un'onda gonfia che tentava di soffocarlo, si lasciò andare su una poltrona, ruppe con frenesia la busta, aprí il foglio...

Non era il caso di credere che il prete gli mandasse un conto saldato; ma quanti pensieri gli si affollarono in quel minuto secondo nel cervello! Tutti confluirono in quella dimanda: Che lo avessero gia scoperto?

La lettera era firmata «Jervolino, segretario».

Era insomma il segretario di Santafusca che, con uno stile pieno di un burocratico rispetto, gli annunciava la morte del fedel servo Salvatore, avvenuta per un colpo apoplettico sulla via, e riferiva come e qualmente il sottoscritto avesse chiuso il cancello della villa e ritirata l'unica chiave, che conservavasi nella sala del Consiglio comunale in attesa di quelle ulteriori disposizioni che sua eccellenza illustrissima si fosse degnato di dare.

Del prete nulla.

Anzi, il tono della lettera non poteva essere più rassicurante.

- Va bene! - esclamò «u barone» con una cadenza da baritono che prova la voce, e sentí lo spirito andare a posto. - Povero Salvatore! - soggiunse abbassando la testa e portando una mano agli occhi.

Il suo compianto era sincero, perché l'animo suo non era chiuso a tutte le memorie della giovinezza, quando, con Salvatore, soleva andare a caccia sui monti.

Il povero vecchio aveva voluto morire su una strada... come se avesse sdegnato di chiudere gli occhi in una casa maledetta.

Questa era poesia forse, o retorica rimasta nelle infossature della vita; ma egli non poteva sottrarsi a queste considerazioni. Si consolò in fondo che la faccenda non poteva andar meglio. Morto anche Salvatore e chiusa la villa, senza che uscisse sospetto alcuno, il prete non poteva esser meglio seppellito.

Egli avrebbe scritto che gli mandassero la chiave, e *amen!* il luogo rimaneva perfettamente disabitato e chiuso agli occhi dei curiosi.

Lo riprese un nuovo vigore. Tutto funzionava come un perfetto orologio e tutto dimostrava come a questo mondo il caso è più forte ancora di ogni previsione.

Per goder una bella giornata con Marinella, a cui aveva promesso di pranzare insieme, andò a farsi bello nella bottega del Granella, parrucchiere e profumiere premiato più volte, che aveva per il barone un rispetto proporzionato al numero dei profumi che regalava a Marinella.

Lo spinse ad entrare in bottega anche il desiderio di far cantare il Granella, che - degno figlio di Figaro - era il gazzettino parlante della città. Voleva, con questo mezzo, interrogare la voce pubblica.

- Ebbene, quali novità, Granella? - dimandò, quando fu seduto ed avvolto nelle candide salviette come un antico sacerdote.

- Molte e belle. Il ministero è caduto: Bismarck ha ricevuto l'ambasciatore di Russia, e pare che la guerra coi Turchi sia inevitabile. È morto il mio padrone di casa, e Filippino Mantica ha vinto mezzo milione al lotto.

- Chi è questo Filippino? - chiese «u barone» che stava a sentire col cuore sospeso. Ma vide che il suo prete era ben morto.

- Chi è? oggi è l'uomo piú felice del mondo. Sabato mattina era il piú miserabile cappellaio di Napoli.

- E ha vinto, dici...

- C'è vincere e vincere. Questo è spiantare il regio lotto. E dire che se io avessi mezzo milione, per San Gennaro, non farei il barbiere.

- Prova.

- Eh, se scrivo tre numeri, il diavolo me li mangia.

«U barone» rise. Era la prima volta che rideva di gusto dopo molto tempo. E del suo prete nulla. Napoli non si era dunque accorta di nulla, come se fosse scomparsa una mosca.

- Ma il piú bello, eccellenza, è ciò che si dice di questo cappellaio.

- Che cosa si dice?

- Si dice - e io ripeto la cosa senza insaponarla - che il cappellaio ha una moglie bella e giovane, la quale avrebbe ricevuto i tre numeri, indovini da chi...

- Da chi?

- Indovini.

- Come si fa? da un amante?

- Da un prete.

- Uh....

- Già, un cabalista, un negromante, che abita laggiú nella

Sezione di Mercato, il quale sa l'algebra e regala di questi terni alle belle donnine.

- E questo?...

- Veda c'è tutta la storia sul Piccolo di ieri. Ne parla tutta Napoli. Dov'è? eccolo qui, legga, si divertirà... Preferisce cosmetico o brillantina, eccellenza?

«U barone» prese il foglio, lo aprì, e proprio in prima pagina vide scritto in testa a un articolo queste precise parole in carattere maiuscolo:

PRETE CIRILLO

X
PRIMI SPAVENTI

Che cosa provasse dentro di sé l'assassino a leggere stampato in lettere di scatola un nome ch'egli credeva d'aver cancellato dalla faccia della terra, è difficile dirlo. Se non fosse stato nelle braccia della poltrona, sarebbe caduto miseramente a terra. Provò un gran peso in tutto il corpo: il sangue si fece prima caldo come piombo liquefatto, poi rigido come mercurio, e non ci volle che la sua straordinaria energia morale, corazzata di metafisica, perché egli non si tradisse con un moto inconsulto o con un grido.

Per fortuna Granella fu distratto da alcune persone che entrarono in quel mentre nella bottega, e non stette a osservare il pallore livido che era sceso sul volto del barone. Questi, chiusi un istante gli occhi, ebbe tempo di irrigidirsi nella sua sensazione e di preparare una faccia di smalto. Ma quando si guardò nello specchio, credette di vedere un morto.

Ecco che cosa raccontava il *Piccolo:*

«Il grande avvenimento di Napoli è la vincita al lotto di quasi mezzo milione fatta dal cappellaio Filippino Mantica, vincita che ha messo in rivoluzione le Sezioni di Pendino e di Mercato, dove il cappellaio è conosciuto, e piú conosciuto ancora prete Cirillo detto *u prevete.*

«Chi è prete Cirillo? È un negromante, un mago, un cabalista, un Nostradamus che ha il secreto dei numeri e vince quando vuole e fa vincere chi vuole.

«La fama di Prete Cirillo cominciò l'anno passato, quando salvò la pelle dalle unghie di alcuni camorristi, dando un terno che uscí tutto intero. Quei buoni camorristi furono tanto riconoscenti del servizio, che minacciavano di sequestrarlo un'altra volta. Vi par poco avere un uomo che fabbrica i milioni coi numeri del lotto?

«Il prete li teneva a bada col pretesto che soltanto una volta all'anno vedeva chiaro nella congiunzione dei pianeti, in cui pare sia posto il segreto dei numeri.

«- *U prevete* fa l'ovo d'oro soltanto una volta l'anno - ci diceva una vecchia stracciaiuola, alla quale ci siamo rivolti per aver spiegazione dei fatto. Questa donna abita nella casa stessa dove abitava prete Cirillo; diciamo abitava, perché il prete ha fiutato il subbuglio e ha preso a tempo il volo per ignoti lidi. *Fuge rumores...*».

- Non è una storia allegra, eccellenza? - chiese Granella.

«U barone» non rispose e seguitò a scorrere la pagina del giornale che descriveva la casa del cappellaio, la famiglia di costui, il numero dei suoi figliuoli, l'uso che intendeva fare dei suoi denari, ecc. Del prete non si diceva altro se non che aveva preso il volo.

- Voi dovreste sapere qualche cosa del prete, don Ciccio - disse Granella, volgendosi ad un vecchietto, che stava aspettando in bottega la volta sua.

Era costui quel medesimo don Ciccio Scuotto, il padrone della casa, al quale il prete aveva mandata la lettera. Lo conoscevano tutti per il grande «paglietta» o avvocato dei preti e dei poveri, uomo fino, tenace, nemico dei giornali liberali e dei tempi scellerati.

- So di certo che è partito; ma voi non credete ai giornali che hanno il gusto di ingannare la gente. Leggete il *Popolo Cattolico*, l'unico foglio autorizzato dall'arcivescovo. Là troverete la verità. Il prete era mio amico e mi pagava puntualmente la pigione.

- Vi pagava con tre numeri buoni? - esclamò ridendo un altro galantuomo, che Granella aveva salutato per don Nunziante.

«U barone» che stava colle orecchie tese, guardando nello

specchio, rìconobbe nell'uomo dal grasso ventre e dal naso spugnoso il notaio che egli avrebbe dovuto condurre seco a Santafusca per stringere il contratto col prete. Qualche altra volta aveva avuto bisogno di lui, che serviva volentieri i tribolati della fortuna e prestava con ragionevole interesse.

Don Ciccio e don Nunziante erano antichi amici e rivali, ma nel comune vantaggio si aiutavano volentieri. Entrambi conoscevano prete Cirillo.

La gente, quando vedeva insieme il «paglietta», il notaio e il prete, diceva:

- Ecco «don consiglio, don appiglio, don artiglio».

Un buon cliente passava nelle loro mani come attraverso a una filiera. Questi due galantuomini, che sedevano nella bottega del Granella, vestivano alla foggia dei loro tempi: abiti grandi con larghe tasche sempre piene di carte.

Don Nunziante però era grosso, largo di spalle, con una gran voce; mentre il «paglietta» era piccolo, con una pancia asciutta come un'assicella, stizzoso, uncino, nervoso come un campanello elettrico, e portava sempre un cilindro bianco col pelo arruffato.

- Dicono che sia andato a Roma a portare l'obolo al Papa - esclamò don Nunziante. - Prete Cirillo ha studiato la negromanzia per rubare il denaro al Governo, e darlo al papa. Non è vero, don Ciccio?

- Voi parlate come un giornale liberale - rispose stizzosamente il «paglietta». - La negromanzia è un'arte diabolica e la Chiesa non ha bisogno di questi sostegni. «Et portæ inferi non prævalebunt...», capite ancora il latino?

- Vi ha scritto dove si trova?

- Mi ha scritto e non mi ha scritto - disse con aria altezzosa l'arruffato don Ciccio, - ciò che mi irrita è di vedere il disprezzo gettato sulle cose sacre e degne di rispetto.

- Credete almeno che tornerà?... la gente fa mille supposizioni una piú brutta dell'altra.

- La gente, la gente, la gente... la gente!

Don Ciccio fece una mezza volta per la bottega, accompagnando ogni sua esclamazione con un sorriso pieno di amaro dispetto. Sentí il bisogno di dare una strappata forte al suo panciotto a fiori e di passare la manica sul pelo del suo cilindro bianco, nell'atto che lo appiccava al chiodo. Il cilindro rimase appiccato col pelo piú arruffato di prima e pareva che si associasse al suo padrone nell'acre disprezzo per la gente o pei liberalastri.

- Eccellenza è servita.

«U barone», che durante questo tempo aveva perduto il senso di sé stesso, si scosse, si tolse con fatica dalla poltrona, si concentrò in un sussiego aristocratico, e si mosse gravemente. Don Nunziante, che lo riconobbe, s'inchinò rispettosamente e corse a sollevare la tenda.

«U barone» uscí duro, tutto d'un pezzo, e prese a camminare verso un'ignota destinazione, senz'altro scopo che di snodare gli arti e di smuovere il sangue. Egli aveva provato un gran spavento, quando credette sulle prime che fosse stato scoperto il delitto. Se ne sentiva veramente scassinato per tutta la vita.

Ci sono scosse improvvise di terremoto, che abbattono qualunque edificio e storcono qualunque chiave di ferro. Alzando gli occhi verso il cielo, provò a ricollocarsi mentalmente nello spazio infinito. Era cosa stupida di soffrir tanto per quattro parole stampate su un giornale; e ancora si convinse che il vecchio uomo non era morto in lui.

A poco a poco, e man mano che l'aria viva della strada gli batteva sul viso, cominciò a vedere non solo la sua posizione sicura, ma quasi migliorata.

Questa faccenda del terno e del mezzo milione arrivava a tempo per richiamare l'attenzione della gente e dei giornali su prete Cirillo e ne spiegava nello stesso tempo la improvvisa scomparsa.

Prete Cirillo aveva preso il volo per isfuggire alle persecuzioni degli ignoranti e dei tristi e aveva tutto l'interesse di rimanere nascosto.

Passato un po' di tempo, nessuno avrebbe pensato a lui. Se anche fosse stato trovato il suo cadavere, la gente non credeva già ch'egli era caduto nelle mani dei camorristi?

Tratto e sospinto da questi suoi pensieri, il barone si trovò senza saperlo in Mercato. Gli parve una buona idea di andare egli stesso a chiedere di prete Cirillo a una donna che allattava un bambino sulla soglia della casa dove abitava il prete.

- Abita qui prete Cirillo? - dimandò, lanciando un'occhiata lunga e frettolosa su per la scaletta umida e nera.

- È partito, eccellenza - disse la donna.

- Dove si trova?

- Chi lo sa? Gesú...

La donna fece uno di quei gesti contratti con cui il popolo di Napoli riassume tutto ciò che pensa e che non pensa.

Non gli parve che in Mercato vi fosse tutta la rivoluzione di cui parlava il *Piccolo.* A Napoli le impressioni sono altrettanto forti quanto passeggiere, raggi di sole sull'acqua che abbagliano, ma non scaldano. Questo suo morto, insomma, tornato a galla un momento, doveva come gli annegati precipitare subito in fondo e non risvegliarsi che il giorno del giudizio, vale a dire mai.

In questa convinzione se ne tornò con passo lesto e con un fare superbo quasi di provocazione verso la gente che gli veniva incontro e che pensava a prete Cirillo molto meno di quello che il barone immaginasse.

Comprò tutti i giornali del giorno prima, compreso il *Popolo Cattolico,* e corse a casa colla voglia smaniosa di leggere quel che dicevano del suo prete. Non era paura, ma solamente una curiosità come un'altra.

XI

IL RIMORSO DI COSCIENZA

Don Antonio accese per la seconda volta la lampada davanti al Sacramento e mezz'ora dopo la trovò spenta di nuovo, come se uno spirito folletto maligno e invidioso vi soffiasse sopra.

Entrando in chiesa, una volta incespicò nel gradino della sacristia, e un'altra volta rovesciò le ampolline della messa.

Erano brutti segnali.

Sentì il bisogno di parlarne con Martino.

- Credo che siano avvisi del cielo, Martino, perché mi son caricata la coscienza di roba non mia.

Martino aperse le grosse dita in forma di V, e, ponendo un dito su un dito, gli disse-

- O il cappello era proprietà di Salvatore, e allora voi fate giusto a pagarvi delle spese del funerale: o non era di Salvatore..., ma di chi può essere se non è suo?

- È appunto ciò ch'io vado dimandando. Di chi può essere?

- Non potrebbe essere che d'un prete?

- D'un soldato, no... - soggiunse don Antonio, facendo seguire l'osservazione d'una risatina grassa, che scese nella gola e morí nel ventre col tintinnío d'un campanello.

- Non potrebbe Salvatore averlo acquistato da un prete?

- Con che sugo?

- Per fare una carità.

- Non è possibile. Vedete che è un cappello nuovo degno d'un monsignore.

- To', mi viene in mente un'idea. Che fosse di monsignor vicario, quel reverendo prelato che una volta fu a visitare la villa?

- Ci avevo quasi pensato vedendo i nastrini di seta.

- Scommetterei che è cosí.

- Ma vi pare possibile dimenticare il cappello? A me è accaduto di dimenticare qualche volta il libro dell'uffizio, ma un cappello... vi pare? Ad ogni modo io non farei male a scrivere una bella lettera a monsignor vicario per togliermi d'addosso anche questa pagliuzza.

- Vossignoria farà bene certamente per la pace dell'anima.

Il giorno appresso don Antonio versò tre goccie di vino nel calamaio, dove da un mese era seccata l'ultima sua predica, prese la penna e disse nell'atto che cominciava la sua bella lettera:

- La pace e il riposo dell'anima valgono ogni altro bene, e meglio è andare in paradiso a capo scoperto, che andare all'inferno col cappello del diavolo.

Dopo aver riletto tre pagine del Segneri per rifare l'orecchio al bel periodo, in men d'un'ora don Antonio poté mettere insieme questa lettera:

«M. R. Monsignor Vicario, Padron mio colendissimo!

«La dolce memoria ch'io conservo della S. V. Illustrissima e Reverendissima, e la paterna bontà onde in una non lontana contingenza fui dalla prefata S. V. Illustrissima compatito e incoraggiato, mi dà l'animo di rivolgermi per un caso in cui la mia coscienza naviga come una navicella fra gli scogli in tempestoso mare. Non ho bisogno di dichiarare la devozione del sottoscritto ai puri principii proclamati dalla cattedra di Pietro, non che dai suoi visibili interpreti, tra' quali face di sette fiamme è l'Eminentissimo Pastore che governa codesta Partenopea Metropoli, ecc., ecc.».

E su questo stile finiva col raccontare la storia del cappello trovato nella camera di Salvatore, lo scambio avvenuto, i dubbi della coscienza, i segnali del cielo, e chiedeva se nella Curia si sapesse di un qualche prelato, «il quale avesse, per oblivione o per alcun altro accidente, dimenticato, o lasciato, o perduto il cappello».

Due o tre giorni dopo, monsignor vicario rispondeva con molta arguzia che a lui e ai colleghi suoi era accaduto piú d'una fiata di perdere la testa, ma nessuno si ricordava di avere mai perduto il cappello.

E finiva con un sincero elogio della semplicità e della virtú di don Antonio, l'apostolico ministero del quale non era ignoto del tutto agli occhi di sua eminenza.

Don Antonio fu contentissimo di queste parole d'incoraggiamento, che gli venivano da sí alto pergamo, e lesse due volte la lettera al Martino, che disse:

- Io vedo in queste parole un gran segnale, don Antonio mio: e spero che questo cappello sarà per voi il principio di gran fortuna.

- Volete forse dire che io avrò un cappello di cardinale?

Lieto e ridente della sua abbondante bontà, il vecchio curato prese le forbici e cominciò a tondere una piccola siepe di mortella che cingeva un'aiuola d'insalata.

- Non dico cardinale, ma c'è cappello e cappello. I monsignori, per esempio, hanno un fiocco azzurro nel mezzo.

- Tacete, burlone: voi fate arrossire di vergogna questi giacinti. Io dico, invece, che noi siamo nell'imbroglio di prima, e parlando con poca riverenza, secondo me, monsignor vicario avrebbe dovuto risolvere il dubbio se un sacerdote può pagarsi da mugnaio, ritenendo una roba che il fedele non gli ha esplicitamente donata.

- Ma quando la roba è di nessuno, è roba del buon Dio - osservò Martino. - Aggiungete che io ho cercato il vostro vecchio cappello alla villa e non c'è piú. Un nipote di Salvatore, che fa l'oste alla Falda, è venuto e ha portato via il cappello vecchio insieme alla roba dentro un sacco.

- Per modo che tra due cappelli io sono come l'asino di Buridano tra due fasci di fieno, o viceversa...

- Sicuro, voi non potete andare in montagna o al borgo a capo ignudo.

- Sicuro che non posso andare a capo ignudo. Dimani ho un funerale a San Fedele e non posso andarci senza cappello con questo bel sole.

Ecco in qual modo don Antonio, acchetata anche lui la sua coscienza, si abituò a servirsi del cappello del diavolo. Al funerale, dove convennero molti preti, tutti ammirarono la leggerezza dei panno, l'eleganza dei taglio che sapeva conciliare il canonico col mondano. «Sacra mixta profanis!».

- Quanto vi costa, don Antonio, questo cappellino da zerbinotto?

- Eh! eh! si vedono di rado sulle nostre montagne di questi funghi.

- Questi sono i cappelli che portano i monsignori del duomo, quando vanno per strada Toledo.

- Don Antonio ha ereditato da qualche contessa sua penitente.

- Crescono le ulive d'oro sulle piante di Santafusca?

Don Antonio, rubicondo di confusione, si sforzava di ridere, lasciava ridere, ma non ebbe il coraggio di dire che l'aveva pigliato nella camera d'un penitente moribondo.

Un pretucolo piú insistente degli altri lo tirò in disparte e gli disse:

- Quanto l'avete pagato?

Don Antonio si schermí un poco e, non volendo entrare in troppi discorsi, segnò tre volte cinque colla mano aperta. Non la disse colla bocca, ma fu una bugia, una bugia schietta da pigliare colle molle.

Tornando a casa coll'animo amareggiato, diceva strada facendo:

- Ecco, prete, chi è ladro è bugiardo. Si comincia a transigere colla pagliuzza e si finisce coll'inghiottire la trave. Non basta predicare la virtú per essere uomo virtuoso. Noi sappiamo sempre trovare un sofisma da mettere in bocca alla coscienza che abbaia... Tu, vecchio peccatore, tenti troppo la pazienza di Dio.

Il castigo non si fece aspettare. Non era ancora a casa che una tremenda gragnuola ruppe e sparpagliò tutte le sue belle rose.

Da quel momento gli parve che tutto andasse a male, come se il cappello del diavolo avesse portato in casa la maledizione. Di notte quell'ombra nera, che si disegnava sulla parete, e sulla quale scendeva nelle ore chiare il raggio della luna, aveva la forza di rompere il sonno e di non lasciarlo piú dormire.

Non poteva piú durare cosí. A costo di farlo volare dalla finestra...

E già stava quasi per eseguire il suo pensiero, quando vide sul cielo del cupolino un biglietto rotondo con una scritta, che diceva: «Filippino Mantica, cappellaio, Napoli, Mercato, 34».

- Noi siamo molte volte assai fatui nella nostra presunzione - disse a Martino in sagrestia. - Abbiamo tanto strologato di chi poteva essere il cappello e c'è scritto su.

- C'è scritto il nome del padrone?

- Non il nome del padrone, ma quello di chi l'ha fatto, col numero della bottega. Siccome il cappello è nuovo, il sor Filippino saprà a chi l'ha venduto e io purificherò la casa dalla roba degli altri.

- Voi siete un giusto dell'antico testamento - disse il campanaro tutto compunto: e promise di cercare una bella scatola di legno o di cartone e di portare egli stesso il cappello alla stazione.

Come avviene nei piccoli paesi, la leggenda del «cappello del diavolo» e della santità del piovano, portata fuori dall'ex-cappuccino campanaro, fece il giro delle case e delle stalle, e tutti lodavano Iddio che avesse mandato loro un pastore dell'antico testamento.

XII

IL FANTASMA DEL CAPPELLO

Per qualche tempo il barone fece vita ritirata e carezzò l'idea di andare lontano o con Marinella o solo a godere i frutti delle sue speculazioni.

Per quanto si sforzasse di pigliare la vita di Napoli come prima, sentiva sempre un non so che tra i piedi che gli legava il passo. Ogni grido, ogni accenno, ogni prete che incontrava per via, ogni scherzo sui preti erano altrettante occasioni di pena, di sospensione, di sospetto, se non di paura.

Tutti i giorni leggeva i giornali e si consolava nel vedere che, dopo il piccolo episodio del terno, il suo prete rientrava tranquillamente nell'ombra.

I giornali non parlavano piú di prete Cirillo, come se non fosse mai esistito, e se una volta nominarono il barone di Santafusca, fu per annunciare la sua elezione a presidente del club delle caccie. La puntualità con cui il barone aveva soddisfatto a' suoi debiti d'onore gli aveva restituita la stima dei gentiluomini.

Erano ormai passati dieci giorni, lunghi, eterni, ma c'era motivo di credere che potessero passare egualmente bene dieci, venti anni, in fondo ai quali il nome di prete Cirillo sarebbe del tutto diluito, come un ghiacciolino nel mare.

Una mattina Maddalena venne ad annunciare per la terza volta la visita di un prete.

- Insomma - gridò questa volta il barone - non puoi mandarlo al diavolo?

- È qui! - disse Maddalena impaurita.

- Che cosa vuole?

- Parlare con vostra eccellenza.

Il barone esitò ancora un poco per un resto di superstizione, poi disse:

- Ebbene, venga avanti... Vediamolo - soggiunse poi tra sé - questo noioso moscone, che da una settimana mi ronza intorno.

Mentre sfidava il misterioso personaggio a farsi vedere, «u barone» sentí che aveva bisogno d'un coraggio insolito anche per ricevere un prete. Nessuno penserà ch'egli avesse paura di veder entrare prete Cirillo. Son cose che si leggono nelle ballate tedesche, ma chi le crede oggimai? Tuttavia avrebbe fatto senza di questa visita quasi per un istintivo ribrezzo al nero.

Stette ad ascoltare la voce della Maddalena, che pregava il misterioso visitatore a venire innanzi. Sentí anche un passino delicato e strisciato sul pavimento; poi l'uscio si aperse adagio adagio...

- *Licet*? - chiese una voce morbida come il miele.

- Avanti! - gridò «u barone» forte, come se comandasse uno squadrone di cavalleria.

Entrò un piccolo sacerdote rotondo e molle, con una faccia butirrosa, con abiti lindi e freschi, con due manine grassottelle piene di pozzette e con un portamento di grande cerimoniere. S'inchinò, socchiudendo gli occhi: e masticando le parole col gusto di chi mastica delle prugne cotte, disse:

- Ho io l'onore di parlare con sua eccellenza il signor barone Coriolano di Santafusca?

- Precisamente, e io ho l'onore di...

- Io sono monsignor vicario e vengo incaricato di una rispettosa dimanda a vossignoria per parte di sua eminenza monsignor arcivescovo.

- Prego, si accomodi.

Il barone fece qualche passo innanzi, indicò una poltroncina, ne accostò un'altra per sé. Il grazioso monsignore non volle sedersi per il primo, il barone insistette, e dopo un po' d'altalena, per rispetto e per obbedienza, il prete cedette alle gentili insistenze, sedette, collocò il suo bel cappellino di seta a tre punte sulla sponda della scrivania, si lavò due volte le mani nell'aria, e aprendole d'un tratto come due girasoli, disse:

- Ecco! Io sono venuto per sapere da vostra eccellenza (sempre se è lecita l'indiscrezione) quanto c'è di vero nella voce che ella voglia vendere la sua villa di Santafusca.

- Nulla c'è di vero - rispose recisamente sua eccellenza.

- Dirò il perché della mia dimanda. Sua eminenza cerca nei dintorni di Napoli un palazzo grande e adatto per collocarvi un seminario o collegio teologico, che potesse servire nello stesso tempo di villeggiatura al sacro capitolo.

- Non ho nessuna intenzione di vendere Santafusca - tornò

a ripetere il barone.

- È strano, perché in Curia si dava per certo che un prete di Napoli avesse già data a vostra eccellenza un'anticipazione per l'acquisto non solo della villa, ma anche dei terreni annessi.

- Uhm! - fece il barone, raccogliendo tutto il suo spirito. E pensò: - Sempre quel maledetto prete!

- La cosa pareva tanto più attendibile in quanto che chi doveva acquistare, e diceva di aver già in parte acquistato, era uomo danaroso e venne egli stesso piú volte a fare delle offerte al cancelliere della sacra mensa.

- Ah!... ella, monsignore, vuol forse alludere a prete... Cirillo...?

Il barone pronunciò queste parole tutte su una nota con tono di canto fermo. Era la prima volta che il nome di prete Cirillo (dell'assassinato), risonava sulle sue labbra, e gli parve che il nome squillasse come una trombetta. - Sensazioni! - Non perdette tuttavia le staffe, anzi fu contento che si cominciasse a parlare del morto come di un vivo qualunque.

- Precisamente don Cirillo - rispose monsignore.

- Difatti - seguitò «u barone» con voce naturale - questo prete era stato da me qualche volta e si doveva combinare una gita insieme... Allora io ero in un momento di grandi bisogni. Poi a un tratto questo prete è partito. Dicono che abbia paura di restare a Napoli, perché è in voce di negromante, di stregone, d'indovino, che so io? («u barone» rideva). Ci deve entrare la camorra, il giuoco dei lotto, la vincita di un mezzo milione; ne ha parlato anche il *Piccolo* e credo anche il *Popolo Cattolico*... Ecco quanto, monsignore.

Bisognava sapere che monsignore non leggeva mai i giornali e che preferiva nei momenti di riposo fare qualche sonnellino nella poltrona, anziché ascoltare i pettegolezzi di sacristia. Si può immaginare come rimanesse, sentendo dire che a Napoli c'era un prete negromante, stregone, camorrista, che aveva vinto mezzo milione, un prete scomparso.

«U barone» lesse la meraviglia sul volto e negli occhi del prelato e si affrettò a raddolcire l'effetto delle sue parole.

- Io non ho veduto che una volta questo prete, ma poiché oggi ho potuto provvedere diversamente ai miei bisogni, non intendo di vendere la casa dei miei maggiori.

- Ce ne duole assai. Santafusca rispondeva al nostro ideale, e la mensa sarebbe stata disposta a qualunque sacrificio. Il cancelliere aveva quasi promesso a prete Cirillo centomila lire per il puro stabile, ma oggi si sarebbe disposti a dare anche di piú.

- Il prete faceva un ghiotto affare! - esclamò «u barone» parlando quasi da sé stesso.

- La casa vuole molti ristauri; anzi si vorrebbe fabbricare tutto un lato nuovo.

- Non intendo fare nessuna speculazione, - rispose quasi burberamente il barone, a cui l'idea che altri avesse potuto smuovere il terreno di Santafusca fece scorrere un brivido nelle ossa.

- Rispettiamo i sentimenti generosi di vostra eccellenza. Ce ne duole per noi, ma ritenga che, qualora venisse in questo pensiero, troverà in noi le migliori disposizioni. Intanto sarà un vantaggio per le due parti levar di mezzo questo prete e negromante, che specula con poco spirito di religione sui bisogni della Chiesa.

Monsignor vicario fece un gesto cosí pulito nel dire «levar di mezzo» che non avrebbe offeso una mosca.

- Pareva anche a me, difatti: non mancherò qualora..., ma, come dico, non ho intenzione di vendere.

- Non mi resta che di chiedere scusa dell'incomodo, eccellenza. Se mai volesse conoscere una prima offerta, ritenga che fino a centosessantamila lire ci andiamo noi...

- Centosessantamila! - balbettò «u barone», che vedeva piovere denaro da tutte le parti.

Perché questa offerta non gli era stata fatta il giorno 3? Caso, caso, caso.... tutto caso!

- Avrò presente, si vedrà...

Nell'alzarsi, monsignor vicario, mentre stendeva la mano a riprendere il cappello posto sulla sponda della scrivania, sia che incespicasse nel tappeto, sia che volesse mostrarsi troppo cerimonioso, perdette un poco l'equilibrio, e urtò colla mano nella tesa del cappello, che saltò come animato da una scossa elettrica, cadde sulla scrivania. si piegò sullo spigolo e andò a rotolare contro il muro. Monsignore, tutto confuso del suo mal garbo, corse egli stesso a raccogliere il cappello da terra, atteggiando la persona nel modo che aveva fatto l'altro, quando si era curvato a guardare nella cisterna.

«U barone» si appoggiò colle due braccia tese e rigide allo schienale imbottito della poltroncina e accompagnò con un sorriso fatuo l'illustre prelato, che, rosso in faccia come un papavero, usciva a ritroso inchinandosi.

Anche quando la porta fu chiusa coi riguardi che monsignore metteva in tutte le cose sue, «u barone» non poté staccare gli occhi dal muro, dov'era andato a rotolare il cappello, né poté staccarsi dalla poltrona, a cui lo teneva legato un pensiero duro e tagliente come un fil di ferro.

Non era la ripetuta impressione d'uno spettacolo orribile che richiamava la sua paura. No. Le sensazioni si raffreddano, sfumano, si sa: ma l'incidente curioso del cappello, quel suo girare come una ruota, suscitava una riflessione, che nel terrore degli altri pensieri non si era presentata prima, una riflessione semplicissima, banale, ferocemente banale, che aveva la forza di far drizzare i capelli in testa a un uomo che si credeva giunto in porto.

Anche l'altro aveva in testa un cappello. Al primo colpo dato colla leva era balzato giusto, girando nell'aria, ed era andato a cadere sul mucchio dei mattoni; ma che cosa era poi avvenuto di quel cappello?

XIII

PAURE...

CHE COSA era avvenuto poi di quel cappello?

«U barone» si sforzava di richiamare ad una ad una tutte le impressioni di quel terribile istante. Aveva buttato il prete nella fossa, aveva gettato sabbia e calce e ancora sabbia e poi la pietra fu collocata sopra, e poi sopra la pietra nuovo materiale. Aveva nascosto la leva nella calce, ma in quanto al cappello... Rievocando la scena del cortile, proiettando sul luogo triste fiammate fantastiche, gli pareva di averlo visto tra i mattoni e il muro, in piedi, come una macchia nera sul rosso, ma non aveva pensato, per una fatale obliterazione mentale, a toglierlo di là, a distruggerlo.... per modo che doveva esserci ancora tra i mattoni e il muro, macchia nera sul sangue, tristo uccellaccio accusatore.

«U barone» cominciava a vederlo chiaramente, come se l'avesse proprio davanti...

La ripetuta sensazione aveva d'un tratto suscitata una di quelle sensazioni latenti, che secondo il celebre Panterre, precipitano e dormono anche per lunghi anni nelle fosse cerebrali, finché una sensazione piú viva non le risveglia d'un colpo e le fa saltar fuori.

Il grande colpevole non poteva capacitarsi come avesse potuto lasciare sul luogo del suo delitto una prova tanto pericolosa. Gli ripugnava di credere al tradimento d'una forza estranea e superiore. Il dottor Panterre aveva un capitolo su certi fenomeni d'inerzia e d'insensibilità cerebrale, che potevano spiegare anche questa terribile distrazione.

Comunque fosse, il cappello del prete si alzava dal mucchio, grande, nero, sozzo, peloso come un osceno pipistrello, come un fantasma accusatore.

«U barone» corse a girare la chiave nella toppa, come se temesse che dall'uscio avessero a fuggire i suoi pensieri.

Egli aveva bisogno di fare ancora i suoi conti. Credeva di aver finito tutto coll'ammazzare un uomo e tutto era ancora da farsi, se però era ancora a tempo.

Se il cappello era rimasto sulla cisterna quasi per dire: «*hic jacet presbyter*», nulla di strano che Salvatore, facendo il giro della casa, l'avesse trovato.

Ma Salvatore era morto.

Quand'era morto?... Cercò tra i molti giornali, accatastati sulla scrivania, la lettera del segretario che pareva sprofondata. Fruga, fruga, la trovò (e mentre cercava colle mani, il suo pensiero seguitava a indagare), l'aperse, era in data del 9. Salvatore era morto il giorno 8. Oggi era il giorno...

«U barone» sollevò gli occhi all'almanacco e vide ancora il numero

4

Non lo aveva egli già strappato una volta quel maledetto numero? Chi si divertiva a impastarglielo davanti? Oh! che bisogna credere agli spiriti? Anche il 4 aveva la figura del cappello.

Baie! spaventi d'uomo colla febbre! - «U barone» se la sentiva venire addosso la febbre, ardente, e si rannicchiò in un cantuccio, prese tutta la testa fra le due mani aperte, la tenne ferma, e comandò a sé stesso la calma, la freddezza, lo spirito positivo, l'oggettività insomma della riflessione.

Che cosa era infine quello straccio di cappello in paragone dell'universo siderale? Possibile che egli dovesse soffrire per sí poco?

No, no, bisognava guardar le cose con occhio filosofico, ragionare, ragionare soprattutto.

Il prete dunque era stato ucciso il giorno 4, Salvatore era morto l'8. Oggi eravamo ai 15 o ai 16 di aprile. Erano dunque passati dieci o dodici giorni buoni e nessun segno appariva che il cappello fosse stato trovato... Cioè, poteva esser stato trovato da qualcuno, ma nessuno pensava che potesse essere di prete Cirillo; nessuno sospettava che prete Cirillo fosse morto. Ma ad ogni modo quel cappello rimasto sopra la terra era sempre un pericolo.... perché la gente è per natura curiosa..., la gente.... la gente...

Questa espressione gli fece venire in mente la figura di don Ciccio, e con don Ciccio scattò improvvisamente l'idea della vincita fatta da Filippino, il cappellaio. Anche qualche giornale aveva detto che «u prevete» aveva dato il terno in cambio d'un cappello.

«U barone» saltò in piedi. Sentiva che la sua testa stava per infiammarsi. Versò dell'acqua nella catinella, e vi tuffò il capo.

Era orribilmente grottesco che un uomo come lui dovesse soffrir tanto per cagione di un cappello. Altro che Macbetto!

Passato il primo tumulto, cominciò a farsi qualche ragione piú chiara e a mettersi innanzi qualche progetto.

Tra le tante idee balenategli in testa, ci fu anche quella di non lasciarsi venire addosso il castigo e di prender il volo per altri lidi; ma poi la mente riuscí a formulare un dilemma più razionale e utile.

O la gente aveva scoperto il cappello, e la giustizia aveva già in mano il corpo del delitto, e allora ogni tentativo di fuga era pericoloso. Per quanto andasse lontano, la mano della giustizia è lunga. Fuggire era un accusarsi. Se invece il cappello giaceva ancora, come era naturale, sul luogo, era piú prudente tornarvi, togliere questo spauracchio, che una volta scoperto poteva trascinare una lunga seccatura di processi e di interrogatorii.

Passato, come dissi, il primo tumulto, che avrebbe spezzato ogni altra testa, la sua robusta costituzione morale riprese il sopravvento e quasi cominciò a ridere egli stesso di questa commedia.

- Che sciocco! - diceva, - e se anche scoprissero non uno, ma cento cappelli, chi può dire che prete Cirillo sia stato ammazzato? E se anche scoprissero non uno, ma cento preti, chi può dimostrare che l'ho ammazzato io prete Cirillo? E non ci sono a Napoli cento camorristi fatti apposta per pigliarsi queste brighe? Ciò che importa è di fare in maniera che la gente non vada troppo innanzi e indietro per la villa. La chiave l'ha ancora in consegna il segretario, e siccome il giardino è fresco e ombroso, nulla di piú naturale che i buoni abitanti di Santafusca vadano sulle ore calde a far la siesta all'ombra dei vecchi sicomori.

«U barone» riprovava a quest'idea nuovi tumulti e nuovi tuffi di sangue. Se ciò ch'egli pensava era vero, già da otto giorni almeno i buoni abitanti di Santafusca frequentavano la villa.

Prima c'era stato il funerale di Salvatore, e siccome i locali delle scuderie erano luoghi aperti, nulla di piú naturale che i ragazzi, entrando per curiosità fino alle stalle, avessero trovato il cappello del prete.

Provò il bisogno di uscire di casa e di respirare l'aria libera delle strade. L'aria di casa era già troppo impregnata di cattivi pensieri.

Per quanti sforzi però egli facesse sopra sé stesso per non pensare al cappello, cento motivi incontrava per via che gliene richiamavano la memoria. Bastava, per esempio, la vista d'un prete... Se ne vedeva uno svoltare per un vicoletto, si affrettava a corrergli dietro attraverso alle vie, in mezzo alla gente, fin oltre le case, lungo la riva del mare...

- Nulla di piú naturale che i ragazzi, trovando il cappello del prete, lo raccogliessero e lo portassero in paese. Grande sorpresa! Un cappello? Di chi sarà? Dove l'avete trovato? Nella villa. Dove? Sopra un mucchio di mattoni. Portiamolo alla canonica. Qui don Antonio ha letto nel *Popolo Cattolico* che prete Cirillo era scomparso. Che il cappello sia del prete? portiamolo al comandante dei carabinieri, anzi al pretore...

«U barone» nel pensare queste cose si immaginava davanti la scena viva viva, e correva anch'egli dietro a quella folla di contadini, di cui sentiva quasi le voci rintronare in testa. I ragazzi per divertirsi infilano il cappello su un bastone e tutto il villaggio scende alla pretura con quella bandiera alzata...

E intanto correva correva anche lui, come se volesse raggiungere quella ragazzaglia, far correre degli scappellotti, portar via il cappello...

Una volta si trovò in mezzo a questi pensieri sulla strada che menava a Santafusca a mezz'ora di distanza dalla villa. Una forza misteriosa l'aveva sospinto verso porta Capuana, a piedi, e di strada in strada, di viottolo in viottolo, s'era trovato quasi in vista del vecchio e noto campanile. Quando sì arrestò su due piedi, si vide pieno di polvere, brutto di sudore, cogli abiti in disordine, e si spaventò egli stesso della sua follia. Tornò in città e andò da Compariello a prendere un po' di forza. L'assenzio aveva la virtú di sgombrargli la testa dal fumo e di rendergli il senso esatto delle cose. Alla villa sarebbe andato, ma non a piedi, come un vagabondo. Ci sarebbe andato in gran forma, o con una brigata di allegri amici cacciatori, colle belle amiche di Napoli, con Marinella...

Egli si sentiva una gran tentazione di sfidare il mondo e il Padre Eterno come Mefistofele. Ma poi rifletté meglio che i buoni terrazzani l'avevano già in conto di libertino, che non conveniva turbare con uno scandalo le anime semplici: che si sarebbe fatto odiare, che sarebbe parsa un'offesa alla memoria del povero Salvatore. Era meglio andar solo, provveder solo ai casi proprii, mostrarsi animato da buone intenzioni per l'avvenire, lasciare qualche elemosina...

Due giorni durarono in questi contrasti i suoi pensieri, mentre di fuori egli procurava di mostrarsi l'uomo allegro e spensierato dell'altre volte, sia che andasse al club delle caccie, sia che sedesse vicino a Marinella, o che pranzasse all'«Europa» con qualche amico. L'Usilli gli fece una volta un'osservazione, dicendo:

- Bevi troppo veleno verde, Santa, e fumi troppo.

Ma «u barone» beveva e fumava senza accorgersi.

Il terzo giorno, sentendo che non avrebbe mai più potuto vivere in quelle incertezze (per quanto la gente e i giornali non dessero segno alcuno di occuparsi della cosa), andò alla scuderia della cavallerizza Biagi, dov'era molto conosciuto, prese a nolo un bellissimo puledro, e saltato in sella, traversò Napoli in tutte le vie più popolose, facendo caracollare la bestia dov'era più fitta la gente, suscitando apposta le imprecazioni dei cocchieri e dei merciaioli ambulanti. Voleva con ciò che Napoli lo vedesse sano, allegro, trionfante, come se non fosse mai accaduto nulla che un barone di Santafusca non credesse degno di sé.

Per dir la verità, non c'era un cane in tutta Napoli che pensasse più a prete Cirillo o al suo cappello, tranne forse di tempo in tempo Filippino e i suoi; ma il barone si faceva l'idea che il mondo non potesse pensare che colle sue idee e non gli pareva mai di mostrarsi abbastanza allegro e disinvolto. Arrivò fino al punto che gli amici lo trovavano un pochino noioso.

Quando fu in campagna, spronò il cavallo e volò quasi una mezz'ora curvo sulla criniera del generoso animale, che non capiva la ragione di quel correre. Ma «u barone» non voleva lasciar stagnare il sangue in molte riflessioni.

La giornata era bigia, coperta da nuvoloni spessi e pieni. Tirava un forte vento di mare. Ben presto cominciò a piovere, a balenare, a tuonare sopra il monte.

Giunto quasi in vista del paese, mise il cavallo al passo. La povera bestia, che non aveva nessun delitto sulla coscienza, incominciava a mostrarsi stufa di correre per conto degli altri.

Camminava al passo, sotto una pioggettina fredda ed insistente, allorché alzando gli occhi si trovò davanti quasi improvvisamente la villa, larga costruzione distesa sul clivo, più livida e più trista del solito nel colore bigio dell'aria, attraverso al velo fitto della piova.

Alla vista di quella casa, che riassumeva una lunga storia

di vicende domestiche e che oggi chiudeva nelle sue grigie pareti un cosí grande significato.... «u barone» si fermò per ripigliar lena, abbassò la testa e provò l'abbattimento profondo dell'uomo condannato.

Da dove veniva questa tristezza?

Dal cielo insieme alla pioggia?

Dalla coscienza insieme al pensiero?

Se egli avesse potuto cessare di pensare...

Osservò che per conto suo si sarebbe abituato a sopportare le conseguenze della premessa, ma bisognava rimuovere tutte le occasioni di far pensare gli altri. Bisognava ritrovare quel maledetto cappello.

Era arrivato al punto che piú non distingueva chiaramente tra il morto e il cappello. Di queste due figure torve e nemiche, non era prete Cirillo la piú cattiva.

Il prete - sentiva in modo confuso il peccatore - il prete avrebbe potuto, nella sua misericordia, perdonare; il cappello, no.

Questi nuovi pensieri che nascevano dal terreno del fatto allagavano gli altri pensieri fatti prima a casa. Il cavallo non andava avanti. Il temporale saliva sempre piú dietro la montagna. Una gran tenda funebre di nuvoloni copriva il colle e il lido, e la pioggia scendeva a righe sottili, a sbuffi, premendo ora piú, ora meno, tra i giuochi dei lampi, che impaurivano la bestia.

«U barone», sollevando gli occhi all'imponente spettacolo della natura corrucciata, fino all'alta regione del tuono e del baleno, si sentí come una pagliuzza in balia degli elementi. Il sentimento della fatalità, che fabbrica ed agita uomini e cose, dissipò, come un bagliore di lampo, i romantici spettri della sua infantile superstizione. Che colpa ha il fulmine quando uccide il povero agricoltore accanto all'aratro? Uomini e fulmini siamo ciechi esecutori di forze universali... Avanti!

Il cavallo nitrí, scosse la criniera, e sua eccellenza il barone Coriolano di Santafusca entrò tra le case del vìllaggio col passo e coll'animo di un vincitore.

Il calpestío dei piedi ferrati sui ciottoli richiamò l'attenzione della gente. Tutti riconobbero «u barone» ed egli fu superbo che lo vedessero. Dalle botteguccie e dalle finestruole uscirono le teste, i berretti, le cuffie dei curiosi, quei che erano nelle vie s'inchinarono quasi fino a terra.

«U barone» entrò in un piccolo angiporto e fermò il cavallo per lasciar sfogare il mal tempo. La pioggia scendeva mista a grandine e rumoreggiava sui tetti, sui muri e sulle strade, ribollendo, gorgogliando negli stretti scolatoi.

- Chi di voi mi chiama il segretario? - disse sua eccellenza.

Un ragazzetto corse come una lepre, e due minuti dopo Jervolino, il segretario, venne in pianelle, saltando le pozze dell'acqua, e inchinò il barone.

Questi intanto aveva chiesto ai presenti qualche notizia intorno alla morte di Salvatore e intorno al raccolto delle ulive e del vino.

I piú vecchi gli rispondevano col loro linguaggio immaginoso che i tempi buoni erano morti, che la freddura aveva mangiato gli aranci, che i figliuoli non guadagnavano piú gli orecchini dell'amorosa nella pesca del corallo, che «u guerno» portava via tutto colle tasse.

Sotto i berrettoni rossi di lana e sotto la vernice nera del sole e del tempo «u barone» riconobbe qualche antico compagno di fanciullezza, felice età, quando il giuoco ci rende tutti eguali. Promise tempi migliori per Santafusca e lasciò capire che avrebbe potuto un giorno o l'altro ristabilirvisi.

- Volesse Dio e la Madonna! - esclamarono con tanta sincerità uomini e donne, che ei ne fu quasi commosso.

Martino era corso a dare la grande notizia a don Antonio, che stava per mettersi a tavola, e poiché l'acqua era sul cessare, il buon prete scese anche lui dalla Cura a riverire l'illustrissimo. Trattandosi di un tanto signore, non osò presentarsi col suo nicchio verdognolo e polveroso e nemmeno colla papalina di lana che usava in casa; ma poiché il cappello nuovo non era ancora partito, piú per il decoro del ministero che per sé, andò incontro a sua eccellenza col cappello del morto.

XIV

UNA VISITA AL MORTO

UNA LEGGIERA nube passò sul viso del barone alla vista

del venerando vecchietto, che lo aveva battezzato, e che scendeva ora tutto riverente colla voglia di baciargli la mano.

- Che cosa fate, don Antonio? - esclamò «u barone» ritirando con raccapriccio la destra, che il vecchio pastore aveva già preso nelle sue mani.

Egli avrebbe voluto risvegliarsi da un duro sogno, e ritrovarsi veramente il signore, il protettore, il benefattore, la benedizione del suo villaggio, il rappresentante della Provvidenza, il difensore dei deboli, il sostegno degli afflitti.

Nella nausea del male s'invoca il bene come un porto di rifugio e di riposo. Forse c'è un paradiso terrestre oltre quel porto, ma chi lo nega non lo merita.

Queste idee passarono in confuso, come dentro a una nebbia, mentre preceduto dal segretario si avviava verso la villa.

Strada facendo, Jervolino gli raccontò che era stato da lui un certo Giorgio che si diceva nipote di Salvatore, con una lettera che lo zio gli aveva scritto un mese prima di morire, nella quale lo nominava erede di alcune cosucce e di un vecchio fucile.

- Conosco il giovinotto e sapevo che Salvatore aveva intenzione di lasciargli queste poche robe; sicché ho creduto di consegnargliele ieri l'altro... Ho fatto male, eccellenza?

- Avete fatto bene - disse «u barone». - Dove abita questo giovinotto?

- Alla Falda, lassú, eccellenza, e tiene una osteria detta del «Vesuvio».

«U barone» saltò da cavallo, legò la bestia a una inferriata e ringraziò il segretario, mettendogli in mano uno scudo d'argento per i suoi servizi.

Quello accettò inchinandosi e offrendo la sua intera servitú. E se ne andò.

L'altro, poiché l'acqua era cessata, restò un momento sul piazzale davanti la casa e fissò gli occhi verso l'orizzonte, dove le nubi umide e lacerate lasciavano vedere qualche lembo di sereno. I piedi sprofondati nella ghiaia umida parevano morti. Si dimandò perché era venuto. Non se lo ricordava piú. Quando gli tornò a mente, provò un freddo raccapriccio, e l'impresa gli parve piú ardua... dell'altra volta. Si trattava infine di tornare sul luogo dell'avvenimento, dodici o quindici passi al di là dell'uscio delle scuderie e di osservare se c'era un cappello; e i piedi parevano morti, le gambe parevano di stagno, il cuore freddo e piccino e duro come un sassolino.

- Che stupido! - esclamò, crollando cinque o sei volte la testa, e si mosse verso la villa.

Aprí con una piccola chiave le gelosie del terrazzo, e si fermò nella galleria a pianterreno, dove aveva aspettato l'altra volta prete Cirillo.

Dai discorsi uditi e dalla lieta accoglienza ricevuta, egli aveva potuto persuadersi che a Santafusca nessuno non sapeva nulla né del prete né del suo cappello. Una mesta speranza rinasceva nel suo cuore; e un senso quasi di tenerezza cercava di rompere la crosta indurita del suo vecchio, scetticismo.

La primavera era nel suo rigoglio. Fiori nascevano dappertutto, nei pratelli, sulle siepi, sugli alberi. Un caldo odor di terra bagnata esalavano i viali che luccicavano al sole, e una gran pace, la pace allegra e pensosa del meriggio, pioveva sull'antico palazzo dei Santafusca.

Che cosa aveva egli promesso ai buoni terrazzani? Quali tempi migliori potevano nascere sul corpo di prete Cirillo? Oh se i semplici contadini avessero potuto immaginare chi era l'uomo ch'essi inchinavano con tanto rispetto! Se don Antonio avesse potuto sapere ciò che aveva fatto la destra ch'egli voleva baciare!... Dalla galleria l'occhio si sprofondava ancora per gli usci aperti nella lunga e tenebrosa fuga delle sale deserte, non abitate che da memorie e da pipistrelli.

L'eguaglianza del luogo e dei pensieri lo spingeva a confondere il passato col presente, a vivere contemporaneamente in due diversi tempi, a non distinguere il già fatto col da farsi, per modo che, per una strana aberrazione del cervello, due volte alzò gli occhi verso la porta del giardino a osservare se in fondo al viale degli ulivi comparisse prete Cirillo.

- Se comparisse! - disse una volta a voce alta; e un sibilo confuso strisciò sulle nude pareti. - Se egli vivesse e io fossi veramente quel che ho promesso di voler essere!

Un'onda gonfia di gioia riempiva l'anima sua a questa immaginazione. Ma quell'onda ritiravasi subito stridendo, lasciando a nudo gli scogli della sua maledetta coscienza. Su quegli scogli era disteso un cadavere.

Quando egli avesse potuto provvedere alla sua sicurezza e alla sua pace, capiva che non gli sarebbe mancato il coraggio di ricominciare da capo una vita diversa e migliore, della quale sentiva confusamente gli stimoli eccitanti in mezzo al suo selvaggio orgoglio. Dal suo stesso delitto sepolto in grembo alla terra, avrebbe attinta l'energia del bene, come l'«Innominato» del Manzoni, anima nera venduta al demonio, che trovò nelle lagrime della compunzione e nelle buone azioni la sua morale rigenerazione.

Ma l'«Innominato» aveva incontrato sulla sua via un buon vescovo, non un ispettore di pubblica sicurezza.

I tempi allora non erano troppo sofistici, e nessuno chiese a colui il pagamento di tutte le sue bricconate cogli articoli del codice penale in mano. Bastarono le lagrime della contrizione a lavare tutto il sudiciume di una coscienza malvagia.

Se un Dio avesse potuto promettere anche a lui, barone di Santafusca, questo incondizionato perdono, egli sarebbe caduto in ginocchio.

- O che forse esiste un Dio sí buono? - diceva voltandosi nei suoi pensieri come in un nero lenzuolo. - Se esiste, perché non accetta il mio debito e non attende che io lo paghi a poco a poco con una vita di espiazione? Io non avrei piú denaro per me, ma tutta la mia ricchezza sarebbe il tesoro dei poveri. Io farei prosperare questi campi, lavorerei io stesso colla zappa in mano, sotto la sferza del sole, in mezzo ai coloni, dividendo con essi il pane e l'acqua della loro povera mensa. Perché dunque non accetta Iddio questo mio pagamento a soldi a soldi? Se esiste, non vede che io son sincero nel mio dolore e nel mio proponimento? Non vede come io soffro atrocemente? Perché non si crea egli unico giudice in cielo di questo sincero verme della terra?

A questo punto, meravigliato egli stesso di intendere le sue parole (quasi che un frate predicasse in lui), si fermò.

Passeggiava da un'ora per la fredda galleria senza avere nessuna misura del tempo. Un gran silenzio, un'afa calda e chiara pesava sul verde sgocciolante del giardino.

Si era fermato davanti a una domanda piú strana e più paurosa di tutte le altre:

Perché non andava da don Antonio a confessare tutto?

La dolce sembianza del buon vecchio aveva risvegliato un gran numero di affetti che parevano morti, e non erano che assopiti sotto il cumulo delle grosse passioni.

Forse era il buon vecchio che parlava in lui in quel momento, colla voce stessa con cui lo aveva battezzato e benedetto nel nome della santa Trinità.

Sonarono due ore al campanile della parrocchia, e Santafusca riconobbe la squilla argentina, che soleva tenergli compagnia e dissipargli le paure nelle veglie infantili, che lo risvegliava al mattino, quando l'alba si schiude e nella riga bianca dell'orizzonte cominciano a scuotersi e a cinguettare gli uccelli.

Quei due tocchi argentini di campana pareva dicessero:

- Vieni, vieni.

Ma non erano piú i tempi in cui una tonaca salvava un tristo dalla forca e lo mandava santo in paradiso.

Don Antonio avrebbe provato un tale spavento a udire la confessione dell'assassino, che ne sarebbe morto: o avrebbe avuto tanta pena e difficoltà a conservare il segreto, che invece di uno avevi due infelici, per non dire due colpevoli, uno dei quali avrebbe mai ritrovata la sua pace, se non colla morte dell'altro.

Dopo un lungo e faticoso rimuginare, in cui ritornavano confusamente idee o brandelli di idee già passate, già discusse e respinte, il barone, piú persuaso di prima che in lui, in lui solo era posta la sua sicurezza, si risolse con uno strappo forte alla volontà a discendere i gradini che davano in giardino: e passo passo con pesante lentezza, e poi con crescente impeto di speranza, rasentò il palazzo, entrò nel portico delle scuderie, traversò una bassa legnaia tappezzata di ragnatele: e un passo, due passi ancora, giunse fino allo sbocco del cortiletto chiuso tra il muro di cinta e il muro delle stalle.

Qui si fermò ancora un poco. Aveva bisogno di raccogliere le forze.

I polsi delle tempie picchiavano a rompere il capo. Un gran silenzio regnava in quel luogo, un silenzio pieno di cose.

Dal posto ov'era arrivato non vedeva ancora il mucchio della sabbia e dei mattoni, che circondavano la cisterna. Bisognava fare almeno tre passi ancora. Tre passi, un oceano.

Il morto era là che aspettava in gran silenzio.

Santafusca stava per tornare indietro, ma un altro Santafusca lo tenne fermo con cento mani di ferro e lo trascinò avanti.

- Avanti! è la vita o la morte.

Provò ad allungare il collo, se dal suo posto poteva scorgere il mucchio.

Non si poteva.

- Avanti, vigliacco! - gridò il vero Santafusca: e cogli occhi sbarrati, pieni di avidità, fece una corsa e vide...

Tutto era a suo posto. La pietra, la sabbia, i mattoni, la leva confitta nella calce. Tutto era tranquillissimo, in ordine.

Ma il cappello non c'era più.

Dal punto dov'era arrivato poteva girar l'occhio per tutto lo spazio del cortile, e quell'occhio avido, assorbente, percorse due o tre volte il terreno; ma non poté scorgere nulla dietro il declivio che faceva il materiale ammucchiato e sul quale poteva essere caduto il corpo del delitto.

Bisognava fare ancora un mezzo passo verso il morto.

Lo fece. Nulla.

- Maledetto! - ruggí in cuor suo.

Mentre il suo giudice interno diceva «nulla», un fruscio di paglia scossa si fece sentire dentro lo strame della vicina stalla e uscí un cane: un cane nero che stette sull'uscio a guardare l'uomo con piccoli occhi gialli.

«U barone» mandò un sordo mugghío di toro strozzato e gridò:

- Va via...

Il cane fuggí correndo in mezzo alla paglia.

Santafusca si riprese e con un colpo di volontà si dominò.

Non aveva picchiato più forte sul prete.

- È il cane di Salvatore, - disse un pensiero; ma il corpo tremava come un filo teso che una mano forte abbia fatto vibrare.

Sentendo che le forze stavano per abbandonarlo, ebbe più paura della sua debolezza che del morto. Se egli si lasciava vincere e cadeva estenuato, era perduto.

Da quando in qua aveva imparato ad avere paura dei cani?

Aveva egli parlato a quel cane?

Come poteva dire di non temere lo spettro di Banco, se la vista d'un cane lo spaventava tanto?

Guardò ancora una volta con occhio di sfida per tutti gli angoli del cortile, nella stalla, nella legnaia... Nulla. Ma aveva paura a tornare indietro, paura di quel cane.

Dio non aveva accettato il suo patto, segno che Dio non esiste. Altrimenti avrebbe avuto compassione.

Bisognava cominciare da capo e soprattutto non perdere la testa. Bisognava ragionare, ragionare.

Salvatore era morto due o tre giorni dopo il fatto e d'un colpo improvviso. In quei due o tre giorni nel suo lungo far nulla poteva esser passato dal cortile e aveva raccolto il cappello. O forse l'aveva portato in casa il suo cane... A questa idea corse fuori in giardino.

Se avesse potuto parlare quel maledetto cane!

Trovato il cappello, nulla di piú naturale che Salvatore lo portasse intanto in camera sua.

«U barone» corse a vedere nella stanza.

Il morto non aveva lasciato che il canterano, e il fusto del letto con un pagliericcio. Aprí un cassettone e non vi trovò nulla. Aprí un altro, un terzo, guardò sotto il canterano, sotto il letto, toccò, palpò il pagliericcio da tutte le parti... Nulla. Allora tornò fuori in giardino.

Il cane poteva benissimo aver portato il cappello in giardino o nella vecchia serra dei fiori.

«U barone» fece il giro del giardino, entrò nel boschetto, cercò presso la fontana, corse in serra, dove era la cuccia del cane, e non vi trovò che delle ossa spolpate.

In preda a uno spaventoso parossismo, che gli impediva di fermarsi, entrò nel palazzo e cominciò a correre per le vuote stanze, guardando in ogni angolo; risalí, dopo tanti anni che non vi poneva il piede, l'antico scalone sparso di calcinacci, traversò una lunga fuga di sale quasi cadenti, infilò delle scalette, discese in luoghi non mai visti, persuaso già di non potervi trovar nulla, ma cacciato dalla sua paura, dalla sua irragionevole curiosità, dal desiderio acuto e pungente di mettere la mano su quel maledetto cappello che si sottraeva al suo dominio.

Una volta si arrestò e si chiese:

- E non l'avrei io sepolto col suo padrone?

E si chiese ancora se si sentiva pronto per comperare la pace di rimovere di notte il mucchio dei mattoni, di rimovere tutta quella sabbia, di sollevare la pietra, di guardare...

Ma egli era troppo sicuro che non aveva piú cappello quella testa rotta quando scese nella tomba...

Come se queste idee fossero la peste, «u barone» fuggí innanzi a loro, saltò sul cavallo, uscí e si ricompose nella sua abituale rigidezza, quando vide venire incontro il segretario. Questi chiuse il cancello e consegnò con molto ossequio la chiave al signore, che non volendo partire senza aprire la bocca, uscí con queste parole:

- Che cosa avete detto del nipote di Salvatore?

- Che gli ho consegnato certe robe ch'erano nella stanza del defunto...

- Ah! - esclamò «u barone» aprendo la bocca a una enfatica esclamazione. - E dove abita questo giovinotto?

- Alla Falda, eccellenza, all'osteria del Vesuvio!...

Il cavallo si mosse lentamente. Splendeva un bellissimo sole, e l'aria, lavata dalla recente pioggia, mandava un mite bagliore celeste.

XV

IN CASA DI FILIPPINO

MOLTA allegria e molto chiasso si fece quel dí in casa di Filippino ex-cappellaio.

Il fortunato vincitore aveva potuto riscuotere una prima rata della sua vincita, e con due contratti in un giorno aveva ceduto il negozio a un compagno e acquistata la casa dove abitava.

Per festeggiare il duplice, anzi triplice avvenimento, in una sala del primo piano era preparata una bella tavola con ogni sorta di grazia di Dio, servita in cappa magna dall'albergatore della «Colomba d'oro» con molta profusione di torte e di sorbetti.

Oltre a Filippino, a donna Chiarina, sua legittima consorte, e a' suoi figliuoli, sedevano intorno alla mensa l'ingegnere Fabi che aveva stimato lo stabile, don Ciccio, il celebre «paglietta», che aveva aiutato Filippino nelle pratiche legali, don Nunziante dal grosso naso, che aveva rogato gli strumenti, Ciro Stella, che aveva rilevata la bottega, molti compagni del mestiere, alcune vicine amiche della padrona, che piú bella del sole sedeva a capo della tavola, tutta splendente di perle, di corallo e di robe d'oro.

Al momento dei brindisi entrò Gennariello il ciabattino, il disgraziato Gennariello, che per giuocare i numeri dati dallo zio aveva venduto i ferri del mestiere, e ora girava colla chitarra a cantare serenate e barcarole e tarantelle, con un cappello bianco, alto come una torre, ornato di piume, di fiori e di scope.

Per la gente onesta era un mistero perché prete Cirillo avesse tradito il suo sangue e favorito invece a quel modo gli estranei; per i maligni il mistero si spiegava colla debolezza della natura umana, e anche fra i presenti c'era chi beveva con entusiasmo agli occhi belli e amorosi di donna Chiarina. Gennariello non aveva rancori con nessuno e accompagnava le sue canzonette con tali sgambetti e pulcinellate, che le donne e i ragazzi mandavano le grida fino al cielo.

Si era giunti al massimo fervore dell'allegria, quando i convitati sentono d'essere piú che mai fatti a sembianza d'un solo, figli tutti d'un solo riscatto.

- Chi l'avrebbe detto, Chiaruzza - diceva cogli occhi molli Filippino, - il dí che abbiamo aperta questa bottega con duecento scudi tolti a prestito e con dodici cappelli di lana, chi lo avrebbe detto che saremmo venuti a questo?

- È tutta bontà di Dio e di prete Cirillo, Pippo - rispondeva la bella moglie.

- Oh, perché non è qui anche lui, l'uomo di Dio?

- E non si è potuto sapere ancora il luogo del suo nascondiglio? - domandò col suo vocione don Nunziante, tirando fuori dal bicchiere un naso piú spugnoso del solito.

- Nulla.

- Avrebbe potuto scrivere a voi, Filippino, in segretezza; o mandare a dire: son vivo; amo però star nascosto.

- È quello che diciamo sempre anche noi. Chiarina se lo aspettava da un momento all'altro e teneva sempre pronta un'oca... Ma, don Ciccio, dite voi quel che ne sapete.

- Io ne so meno di voi, amici carissimi - esclamò don Ciccio cogli occhi lucenti. - Un giorno vien da me Gennariello, ti ricordi, Gennariello?...

- Eccellenza, sí. Lo zio era stato da me la mattina e gli ho dato quattro punti alle scarpe.

- Ei mi portava una lettera in cui diceva: «Per affari di famiglia parto da Napoli. Mando lire trenta pel trimestre di pigione. Gennariello ha la chiave e gli lascio la roba». Ecco quanto, e «*insalutato hospite evolavit*»...

- Il lotto è una passione che, come tutte le passioni, conduce spesso a perdizione - disse don Nunziante.

- Io vorrei possedere la cabalistica di prete Cirillo e venderci la mia matematica per il guscio di un'ostrica - esclamò l'ingegnere.

- Sapete che cosa ho trovato in casa sua? disse don Ciccio, - un volume del Cardano, e la «Magia Naturale» del nostro immortale Giovanni Battista Porta.

- Il grande autore della «Fisionomia», che precedette di quasi duecent'anni gli studi di Gall e di Lavater, - si affrettò a dire don Nunziante, che non voleva mostrarsi meno dotto del «paglietta».

- E credete che in questa cabalistica non c'entri anche un po' la coda del diavolo? - gridò qualcuno.

- Benvenuto anche il diavolo, se ha gli occhi belli come quelli di donna Chiarina, illustrissima mia padrona - esclamò don Ciccio alzando il bicchiere.

Fu un grande applauso. Gennariello ripigliò la canzone «sul mare luccica».

- Dicono che il prete sia andato con un grosso fardello in Levante, tra gl'infedeli, dove ha trovato un'odalisca che...

- Che lo aiuta a sciogliere il fardello.

- Uh uh! oh! scandalosi... zitto là.

- «In vino veritas».

- «Maxima debetur pueris reverentia».

- Signori - gridò Filippino, alzandosi in piedi e sollevando un calice pieno di vino color dell'ambra. - Ovunque egli si trovi, in Oriente o in Occidente, propongo per il lontano e desiderato amico, per il grande benefattore, per il salvatore de' miei figliuoli un caldo brindisi, acciocché gli anni suoi siano ricolmi di tutte le consolazioni...

- Amabile Chiarina! - declamò in falsetto don Nunziante, guardandola attraverso il bicchiere.

- Bravo! bene! viva don Cirillo!

Il baccano era veramente indiavolato, ma fu a un tratto interrotto da un ragazzo che entrò con una grossa scatola rotonda di cartone, legata con una doppia corda in croce suggellata con larghe piastre di ceralacca.

Si fece a un tratto gran silenzio.

- Chi manda questa roba? - dimandò Filippino.

- È arrivata or ora in bottega al vostro indirizzo. Vien dalla ferrovia.

- È un cialdone di marzapane, papà - gridò uno dei figliuoli.

- Se indovini, Celio, ti dò a leccare la scatola - disse il babbo col volto ancora acceso dal brindisi.

E, preso un coltello d'in su la tavola, tagliò la corda, tolse il coperchio, rimosse un foglio di giornale e vide un cappello con un bigliettino appuntato nel nastro.

- Chi lo manda?

Filippino legge il biglietto, non capisce, torna a leggere, e un po' colpa la scrittura, un po' colpa il vino color dell'ambra, non si raccapezza. Però, voltatosi a don Ciccio:

- A voi, - disse, - che avete gli occhiali. Che cosa dice questo geroglifico?

Don Ciccio si acconciò le invetriate sul grosso del naso e cominciò a leggere a voce alta:

«Colendissimo signore,

«Essendo stato smarrito in questi luoghi un sacerdotale cappello e non avendo, per quante ricerche siano state da me consumate, trovato a quale dei ministri di Dio possa convenire, non volendo col trattenere oggetti che non sono di mia proprietà farmi degli inutili carichi di coscienza, lo invio franco di porto alla S. V., secondo l'indirizzo della marca di fabbrica, supponendo che vi sarà meno arduo rintracciare il naturale proprietario e recapitarglielo.

«Con perfetta osservanza mi segno

«*Dev. servitore* «DON ANTONIO SPINO
Parroco di Santafusca

- Ecco un uomo onesto! - esclamò don Nunziante.

- O che ha una testa troppo grossa per il cappello, - osservò maliziosamente don Ciccio.

- Che cosa dite voi? - esclamò impallidendo a un tratto Filippino, mentre voltava e rivoltava il cappello. - Questo è il cappello che io ho dato ultimamente a prete Cirillo, il giorno che egli partí da Napoli.

- Eh! - esclamarono tutti, aprendo la bocca, gli occhi, le dita, l'anima.

- Io mi ricordo bene, perché l'avevo preparato per monsignor vicario e m'è restato troppo stretto. Tu lo ricordi, Chiarina, il numero di registro?

- È questo, è questo - disse con voce tremante la moglie dell'ex-cappellaio.

I convitati si guardarono in viso e ammutolirono.

Avevano invocato il prete e usciva invece il suo cappello.

Questi son sempre segni di cattivo augurio.

Le riflessioni venivano spontaneamente da sé. Se prete Cirillo non aveva che quell'unico cappello quando uscí da Napoli, pareva strano che ei non lo tenesse da conto, molto piú che era nuovo fiammante, a meno che non lo avesse veramente cambiato col turbante, come il notaro aveva malignamente supposto.

- Io qui sento un odore di criminale - disse don Ciccio alzandosi in piedi, arricciando un poco le narici, come se veramente sentisse un certo odore, e puntando un dito lungo e secco sul corpo del delitto.

- O santa Maria addolorata! - esclamò donna Chiarina, bianca come un giglio.

- Che dite voi, don Ciccio? - ripeterono le altre donne.

- Io ripeto che sento odor di criminale in questa faccenda, e n'ho ben donde. - Don Ciccio pareva piú secco del solito. - Signori! - esclamò alzando la voce il famoso «paglietta», come usava fare in tribunale - questo cappello fu trovato nei dintorni di Santafusca, e dintorni per me significa una strada, una campagna, una vigna, un bosco, altrimenti don Antonio avrebbe scritto: in casa mia, in chiesa, in sagrestia. Il signor Filippino Mantica dice che il cappello era nuovo fiammante e c'è la testimonianza amabile di donna Chiarina, la quale conferma che il cappello fu venduto o regalato a prete Cirillo nuovo fiammante. Ora io trovo invece il segno di una forte ammaccatura, delle traccie rosse di mattone e qualche macchia o spruzzo di calce, che hanno qua e là abbruciata la seta. Dunque, o signori, nei dintorni c'era della calce viva, e quest'ammaccatura dice piú che un colpo di vento.

- O mio Dio, don Ciccio! - esclamò la donna, alzando le due mani al cielo.

- Io non sono astrologo, né figlio di astrologo - gridò il «paglietta», stralunando gli occhi, - e se prete Cirillo entrasse in questo momento a toccare il suo bicchiere col mio, certo non oserei dire ch'egli è stato assassinato; ma io faccio presente a questi signori che il prete manca da quindici giorni, che nessuno sa dove sia il suo rifugio, che non si è fatto vivo nemmeno co' piú intimi amici, che mentre aveva detto a Gennariello di essere andato verso Miano, si trova il suo cappello nei dintorni di Santafusca precisamente al lato opposto. Che cosa era andato a fare a Santafusca un uomo che non usciva mai da Napoli, schivo del muoversi, che non aveva parenti, amici in quel paese? Avvegnaché, signori, se egli fosse conosciuto da qualcuno lassú, don Antonio non avrebbe cercato inutilmente il padrone del cappello, e se fosse stato solamente veduto, era naturale che alcuno pensasse a lui; ma la lettera dice chiaro chiaro: «avendo consumato tutte le ricerche inutilmente». Ah! ah! E quest'uomo è tanto ignoto al parroco e ai colleghi suoi de' paesi vicini, che nessuno sa dare un indizio nemmeno, dirò cosí, probabile del padrone del cappello? e ciò mentre tutti i giornali, compreso il *Popolo Cattolico*, hanno strombazzata la storia del terno al lotto e del prete scomparso? Signori, io non sono astrologo, ripeto, né figlio di astrologo, ma trovo che un uomo, il quale perde un cappello nuovo in un paese dove nessuno non l'ha mai veduto, è un uomo, dirò cosí, molto problematico. Si aggiunga che non è la prima volta che il prete Cirillo soffre ingiuria e violenza da parte di male intenzionati: ch'egli era ritenuto possessore di occulte ricchezze: si aggiunga che la notizia della grande vincita ottenuta coi numeri dati da lui può aver istigato qualche pazzo o illuso, o brigante o figlio di brigante, a infierire contro un inerme servo di Dio. Io non so, io mi perdo in questo buio, ma brancicando mi pare di toccare il corpo di un delitto...

Don Ciccio si era fatto lugubre e cupo. Colla sua voce incisiva, col suo dito lungo e teso, colla sua stringente istruttoria fece scorrere un brivido per tutte le schiene. Il suo cilindro bianco non aveva piú un pelo a posto.

Don Nunziante provò a dire che probabilmente il prete aveva perduto il cappello cacciando fuori un momento la testa dalla finestra di un vagone; ma a nessuno piacque una ragione così semplice e così probabile. Uscir fuori con un pensiero cosí comune e banale era un far torto a tutte quelle fantasie, che, riscaldate dal vino e accese dalle parole di don Ciccio, cominciavano già a credere a qualche cosa di straordinario. Non bisogna mai disturbare le speranze della fantasia. Una storia terribile uscí grande e compiuta dal fondo del cappello, come Minerva uscí grande ed armata dal cervello di Giove. Per quel giorno fu messa in disparte la gioia. Don Ciccio raccolse un piccolo consiglio e propose di portare la faccenda, cosí com'era arrivata in tavola, all'illustrissimo signor procuratore del re, il commendatore Jonetti, amico suo, anzi suo compagno di università, uomo fino e prudente, acuto, un poco parente del ministro degli Interni.

Intanto non bisognava dir nulla ai giornali liberali, ché, quando si tratta dei poveri preti, li impiccherebbero nudi. Se v'era delitto, Dio ha la mano lunga: nel peggior dei casi - che per gli altri non avvocati era il migliore - gli indizi dati dal cappello avrebbero condotto la giustizia a trovare il padrone.

Ad ogni modo, Filippino aveva obbligo di coscienza di spendere anche qualche denaro perché la luce fosse fatta su questo affare buio, molto buio, piú che buio, buissimo.

Filippino incaricò don Ciccio di tutte le pratiche necessarie, e non guardò a spendere per accendere un lumicino. Ma per quanto s'usasse prudenza e riserbo, non fu possibile impedire che la storia del cappello e del prete non serpeggiasse verso sera tra i vicini, e prima di notte qualche accenno confuso non fosse arrivato alla Sezione di Mercato, dove prete Cirillo era già quasi dimenticato.

Sull'alba, un reporter, piú svelto degli altri, ne sapeva già abbastanza per inventare il resto e per confondere le idee.

XVI

IL CACCIATORE

«U barone», tornato a Napoli, per qualche giorno si sforzò di non piú pensare né a prete Cirillo, né al suo cappello.

L'uno era ben chiuso in un luogo sicuro, e la chiave era chiusa anch'essa in un cassettino segreto della sua scrivania; l'altro, il cappello.... ma per quanto si sforzasse di non pensarci, non poteva aver l'animo tranquillo su questo argomento. Un brandello del morto sopravviveva in quel nero spauracchio e se lo sentiva svolazzare intorno. E non poterci metter la mano addosso! Egli sarebbe stato tanto ricco e tanto quieto senza questa sciocca paura!

Inutilmente cercò di stordirsi nel giuoco, al club, con Marinella, nelle visite eleganti che aveva ripreso con qualche fortuna.

- A che cosa pensi, barone? - gli chiese un giorno Marinella, mentre egli si era fissato coll'occhio vitreo su quell'ombra nera e fastidiosa.

Non poteva incontrare un prete che avesse in testa un cappello a tre punte, senza che l'occhio andasse da sé sul triangolo, con una malsana, insistente curiosità; e una volta preso all'incanto, sentivasi tratto a seguirlo attraverso alle strade popolose di Napoli fin sulla soglia delle canoniche, delle chiese, dei conventi.

Di questi strani fenomeni di fascinazione cercava di dare a sé stesso una spiegazione scientifica. Egli aveva giuocato troppo col suo temperamento eccitabile, e sebbene vedesse e sentisse che la persecuzione non veniva dalla coscienza, ma dai nervi e dalla immaginazione, non poteva sottrarsi, come accade agli allucinati, al tormento della sua illusione. Il cervello, si sa, soffre anche dei dolori di una gamba che non c'è.

Il cuore soffriva già da qualche tempo acuti accessi di palpitazione, e piú d'una volta egli aveva dovuto ricorrere alla digitale. Provò anche il bromuro e si sentí piú calmo, piú fresco. A dispetto del cappello ora cominciava a dormire sonni piú quieti, e gli fece bene anche il fumar meno.

Fu appunto in un sogno che gli balenò l'idea che il cappello potesse essere caduto nelle mani di Giorgio, nipote di Salvatore, che faceva l'oste lassú alla Falda.

Non era disceso costui a raccogliere l'eredità dello zio qualche giorno dopo la sua morte? Non aveva portato via un sacco di roba? Perché avrebbe dovuto lasciare il cappello se ci fosse stato?

Gli parve un sogno non assurdo, per quanto si può credere ai sogni. Valeva la pena secondo lui di fare una gita lassú per vedere quanto di vero passa nei sogni.

Per non dare sospetto si vestí di un rozzo abito di cacciatore, si calcò in testa un cappellaccio molle, e con un carniere di pelle e il suo fucile ad armacollo, un giorno prese il treno, e scese alla stazione più vicina alla Falda.

Passo passo nella frescura mattutina cominciò a salire il colle, zufolando, col cuore aperto a una mezza speranza.

Che cosa non avrebbe dato per quel cencio di cappello? Che cosa c'è di piú caro e di piú prezioso della quiete dei nervi? Meglio morti, come prete Cirillo, che vivere all'ombra di quel cappello!

L'osteria del «Vesuvio», colla sua vecchia insegna color pomodoro, si trovava sulla strada grossa che sale verso i monti, in un luogo segregato, presso un bosco di platani, che serviva di riposo e di ristoro ai carrettieri e agli asinai.

Non era un albergo degno di nobili inglesi, ma vi si trovava un vino fresco, del vecchio caciocavallo, del tabacco e anche un'insalata preparata, condita e voltata dalle grosse dita di Giorgio.

Era costui un giovinotto grosso e tarchiato, tondo di capo e di cervello, buon figliuolo in fondo, sempre disposto a far un buon servizio a un vicino, quando c'era da guadagnare una mezza lira. Stava egli tutto occupato a squartare un montone che aveva appiccato per le gambe all'inferriata d'una finestra, quando vide arrivare un cacciatore senza cane.

- C'è del vino e del cacio, giovinotto?

- Fin che ne volete, galantuomo - rispose Giorgio; e andò ad asciugarsi le mani sporche di sangue.

Il cacciatore entrò in una stanzuccia a terreno e girò vivamente lo sguardo intorno come se cercasse qualche cosa. Poi sedette innanzi a una tavola coll'abbandono di un uomo molto stanco.

Giorgio tornò presto col vino, col cacio e un pane duro sopra un piattello.

- Mi pare di conoscervi, giovinotto..., e non ricordo dove vi ho trovato...

Giorgio fissò gli occhi in faccia al cacciatore e disse:

- Gli uomini si trovano, ma io non so di avervi mai visto...

- Non siete voi per caso parente di quel Salvatore che sta laggiú a Santafusca?

- Lo sono veramente. Adesso è morto.

- Lo so che è morto, pover'uomo. Era un giusto, un grand'uomo per la bontà. È morto, poveretto.

Giorgio pose la mano aperta sul petto.

- È ciò che si guadagna a servire i signori. Ti succiano il sangue fin che ne hai una goccia nelle vene e danno il carcame al loro cane.

- Volete dire forse del barone... - soggiunse ridendo il cacciatore.

- Di lui e di tutti quanti: ma costui forse è peggiore degli altri. Mio zio non ha lasciata la croce d'uno scudo, dopo quaranta o cinquant'anni di utile servizio, e «u barone» spende sacchi d'oro colle sgualdrine. Ma guardate, dicono che ciò deve cangiare una volta...

- Allora siete proprio voi che siete venuto un giorno alla villa a prendere certe robe.

- Ci sono stato or sono quindici giorni.

- Io sono parente del parroco di Santafusca, son figlio di una sua sorella - disse il cacciatore con piglio alla buona.

- Di don Antonio? un sant'uomo...

- E mi pare di avervi veduto passare in compagnia del segretario...

- Precisamente. Aveva lui le chiavi della stanza...

- Conoscevo anche il vostro povero zio. La sua morte mi

ha riempito il cuore di lagrime!

Il cacciatore disse tutto ciò con animo sincero.

- Siete del paese?

- Io sto presso Napoli e vengo spesso a Santafusca a caccia; ma si piglia niente quest'anno...

- È un anno povero davvero.

- E poiché siamo sul discorso, - soggiunse dopo un respiro il cacciatore, che pareva un uomo semplice e disinvolto, - non avete prese per caso insieme alle altre robe anche un cappello da prete?

- Sí, c'è... - rispose Giorgio.

Il cacciatore apri le gambe e le braccia e si abbandonò a una forte ilarità.

- Si, c'è... e perché ridete ora?

L'altro non finiva mai di ridere, e contorcendosi sulla panca non poté frenarsi, se non quando ebbe presa la testa tra le sue mani.

La gioia immensa, la profonda emozione che il cacciatore provò a quella scoperta, non si potrebbero troppo facilmente descrivere. Dopo tanti giorni di angoscie e di paure, egli stava per mettere le mani sul corpo del suo delitto e tutto ciò avveniva per l'aiuto di un sogno. Che cosa non avrebbe dato egli per quel cencio di cappello? ecco, ecco invece la sua fortuna che quasi gliele regalava gratis... e tutto ciò avveniva per l'aiuto d'un sogno!

- Ora vi conterò, giovinotto, - soggiunse dopo un istante. - Don Antonio aveva dimenticato nella stanza del povero vostro zio il suo cappello, e non se ne ricordò che tre o quattro giorni dopo. È un sant'uomo che ha sempre il pensiero in paradiso. Ma quando se ne ricordò il cappello era scomparso. Il sant'uomo voleva disperarsi, perché non ha che quello, ed è povero, sapete: darebbe ai poveri anche la camicia. Io ero presente quando venne il segretario; come si chiama il segretario?

- Jervolino.

- Precisamente, e disse che forse l'avevate preso voi colle altre robe...

- Davvero è ridicola come una commedia. Io non ci ho pensato, figuratevi. C'era tanto poco da portar via, che ho cacciato tutto nel sacco alla rinfusa.

- Don Antonio vi accuserà come ladro di cose sacre.

- Ladro io? avrei dovuto pensarci, ma l'ho fatto semplicemente...

- Voi capite che si celia. Ladro senza saperlo come Pulcinella al teatro di Sciosciammocca.

Il cacciatore versò il vino dalla mezzina e tracannò un buon bicchiere, che gli riempí l'anima di calore.

Se Giorgio non fosse stato duro di legno, avrebbe osservato che gli occhi del cacciatore scintillavano d'una luce viva e parlante.

- Voi meritate di andare a l'inferno per aver rubato al prete - tornò a dire costui, ridendo grosso e picchiando coi pugni sulla tavola.

- Dio mi scampi di perder l'anima per cosí poco. Ora lo vedrete questo bel cappello: è pelato come l'asino dei nostro mugnaio. Io ho visto il cappello sulla sedia e ho pensato... che cosa ho pensato? non so nemmeno io. Ma non è buono nemmeno per spaventare gli uccelli... Ora ve lo faccio vedere...

Il cacciatore rimase solo.

Giorgio fe' sonare gli zoccoli sopra una scaletta di legno, che si arrampicava dietro il muro. Li strascicò sull'impalcato sopra la testa del cacciatore, si arrestò, corse a frugare nel sacco.

Intanto il cacciatore, cogli occhi fissi all'impalcato sorrideva mostrando i denti e battendo le dita sul piattello. Egli stava per dare l'ultima mazzolata a prete Cirillo.

Quel sinistro uccellaccio avrebbe cessato di svolazzargli intorno? Rideva gelidamente, ma nello stesso tempo il cuore malato picchiava forte. Nel cappello era rimasto un brandello dell'anima del prete, e in fondo egli aveva paura d'incontrarsi anche in questo spauracchio.

Non avrebbe creduto mai d'essere uomo cosí vile. Ma forse lo siamo tutti cosí, giovani e vecchi, naviganti nel gran mare delle cose!

Gli zoccoli di Giorgio risonarono sull'impalcato, e scesero gravi sui gradini della scala di legno. Il cacciatore immobile e composto si puntellò colle braccia alla tavola. Finalmente Giorgio, per far la burletta del prete, cacciata la testa cogli occhi gonfi e col cappello in capo da un finestrino, che dava aria al sottoscala, con voce sguaiata, si mise a cantare «alleluja, alleluja».

Il cacciatore a quella vista grottesca trasalí e colla mano rovesciò la mezzina del vino. Per poco egli avrebbe urlato di spavento: ma l'oste venne fuori e cominciò a ridere del suo scherzo. Egli non immaginava il male che aveva fatto a un uomo già malato di palpitazione di cuore.

Passata la prima impressione, era per il cacciatore un'occasione troppo ghiotta, perché potesse in quel momento pensare ancora al suo mal di cuore. Si sforzò dunque di ridere anche lui, di ridere, sí, mentre l'occhio affascinato e impaurito si fissava sul brutto cappellaccio sconquassato, che Giorgio gli aveva messo davanti sulla tavola.

Nessun fisiologo, nemmeno il celebre autore del «Trattato delle cose», potrebbe descrivere il nucleo di sensazioni che vibrarono intorno al cuore del barone Santafusca, nell'atto ch'egli stava per stendere la mano e impadronirsi dell'anima di prete Cirillo. In fondo a una battaglia buia era un'acqua buia, profonda, piena di gioia amara e piena di spavento. Il cuore martellava ancora, ma erano le ultime sensazioni. Dopo sperava di ritrovare la pace, che deriva dalla coscienza della propria sicurezza.

- Ebbene, volete voi che io porti questo cappello a don Antonio? sarà per mio zio una grata sorpresa.

- Date a Cesare quel che è di Cesare - disse Giorgio. - Voi mi sbarazzate la casa di un cattivo augurio.

- Se ci sta nel carniere. Provate un po'...

- L'uccellaccio è grosso, ma schiacciandogli un poco le ali...

Quel goffo ragazzotto, che rideva nel gozzo, prese il cappello, lo schiacciò nelle mani e lo fece passare nel carniere. Il cacciatore lasciò fare, duro, quasi irrigidito tra la panca e la tavola.

- Ecco qua, ci son pochi cacciatori al mondo che prendono di queste lepri.

- Quanto costa il pane, il vino e il cacio?

- Dodici soldi, galantuomo: il cappello ve lo do per nulla e dite pure a don Antonio che mi assolva da tutti i miei peccati passati e futuri.

- Glielo dirò...

In quella entrarono in bottega due contadini, e Giorgio, pieno il cuore della sua avventura, si mise a raccontare subito la storia del cappello, mentre lo faceva saltare e ballare sulle mani.

Tutti risero del povero prete e dell'uccellaccio chiuso nel carniere.

Rise anche il cacciatore per essere in carattere, ma appena poté farlo senza dar sospetto, uscí, salutò i buoni amici e prese la sua strada, col carniere in ispalla, gli occhi fissi innanzi, nello spazio infinito, la testa piena di fumo. Il cuore era esultante e trionfante come chi sente d'essere sfuggito a un duro cimento di morte.

Camminava a passi lunghi, cadenzati, per la strada in discesa; e ad ogni passo il carniere che batteva nel fianco mandava un suono armonico di scatola vuota.

Quel suono richiamava un'altra impressione, sprofondata anch'essa nelle viscere più cieche della memoria.

Quell'urto sonoro e rotto di noci scosse, richiamava alla mente una sensazione somigliante...

Il cacciatore accelerava ancora di piú il passo nella fiducia che tutto sarebbe scomparso quando fosse stato fuori della valle.

Camminava a cavallo, per dir cosí, della sua idea, non vedendo piú in là del passo, e già pensava al modo di distruggere per sempre quell'orrida prova del suo delitto, cioè se doveva abbruciarlo, farlo a pezzetti, seppellirlo..., quand'ecco l'abbaiare improvviso di un cane, che uscí dietro a un casolare, e sorprendendolo in mezzo alle sue meditazioni, lo faceva trasalire in una maniera spaventosa: tanto che fatto un salto in mezzo alla via, si tirò come un ragazzo pauroso dietro un mucchio di sassi. Sul tetto del casolare stavano lavorando alcuni muratori, che vista la gran paura che il cacciatore aveva dei cani, cominciarono a ridere forte e a dargli la baia.

- Ehi, cacciatore di formiche - diceva uno.

- Cacciatore di cicale - soggiungeva un altro. Va a caccia dei cani e mena con sé la lepre.

- Ha la pelle d'un coniglio nel carniere.

Il furioso sangue dei Santafusca fu lí lí per traboccare, e veramente sarebbe stata poca vendetta per la sua rabbia una fucilata per ciascuno; ma era un giorno di pazienza e di espiazione. Avanti dunque... La paura che gli aveva fatto quel maledetto cane col suo improvviso abbaiare era rimasta come un senso di acuta trafittura tra le costole a sinistra.

Dopo tre quarti d'ora di buon viaggio giunse in vista della stazione. Traversando un passaggio della strada ferrata, chiese al cantoniere se c'era molto tempo alla corsa per Napoli.

- Un'ora e mezzo, cacciatore - disse l'uomo, che stava aggiustando uno scarpino di ragazzo seduto su un tronco presso il casello, da dove usciva la voce di una donna e il pianto d'un bimbo.

Un gran silenzio ed una gran pace regnava intorno a quella casupola, tuffata nel chiaror roseo del tramonto, in mezzo alla grande solitudine.

- Come sono felici questi pitocchi! - pensò l'ultimo dei Santafusca.

La schietta confidenza con cui Giorgio della Falda ed il casellante gli avevano parlato, credendolo uno dei loro, lo aveva avvicinato a un mondo che di solito egli guardava troppo dall'alto; voglio dire, al mondo dei bisogni semplici e degli affetti semplici della natura. Solo in questo terreno vergine cresce l'erba della felicità.

- Come sono felici questi pitocchi! - tornò a pensare, mettendosi a sedere sopra il parapetto di un ponticello, che traversava un torrentaccio, lontano cento passi dalla stazione.

Aveva un'ora e mezzo da far passare, e poiché il luogo era quasi disabitato, e nessuno lo conosceva, pensò se non era il momento di nascondere il maledetto cappello in qualche cespuglio, in modo da farne scomparire la traccia e l'ombra per sempre.

Tirato da questo pensiero, si lasciò condurre da un sentieruolo verso alcuni boschetti bassi di nocciuoli, che andavano a finire in una deserta sodaglia, di un aspetto squallido e vulcanico.

Pareva proprio il regno della morte. Non una casa, non un'anima viva per quanto girasse l'occhio intorno.

- Come sono felici questi pitocchi! - tornò a ripetere per la terza volta e quasi per una forza meccanica della glottide, mentre l'occhio ed il pensiero andavano in cerca di una buca per seppellire ciò che sopravviveva di prete Cirillo.

Dopo aver gironzolato un pezzo, si pose a sedere sopra un mucchio di pomici, da cui uscivano poche ginestre e per la prima volta sentí una grande stanchezza alle gambe. Era stata una grande giornata, e un gran viaggio: ma la vittoria era sua.

E dire che questa visione gli era venuta in un sogno! Aveva dunque ragione prete Cirillo di credere ai sogni. Se non fosse stato ridicolo d'ammettere certe ubbíe, c'era quasi da pensare che il suo prete gli avesse in sogno suggerito il pensiero di andare alla Falda.

Non gli aveva promesso un giorno prete Cirillo di salvargli l'anima e il corpo? Le anime dei morti non conservano rancore, e se prete Cirillo poteva dal mondo di là tirare un'anima di questo mondo al porto della salute, perché non l'avrebbe fatto? Anche lui, il prete, non era senza peccati e aveva bisogno forse di molto perdonare.

Che cosa sappiamo, in nome di Dio, delle cose di questo e dell'altro mondo?

In tutto ciò che era accaduto intorno a lui non era egli quasi trascinato per necessità a credere alla forza di una pietosa provvidenza, che conduce le cose con una precisione meravigliosa?

Il sole dalla linea bassa dell'orizzonte proiettava le ombre degli arbusti sul terreno arsiccio. Un gran cielo biancastro, troppo pieno di luce, ricopriva il vasto piano per cui si raggirava il nostro cacciatore in cerca di una buca. Ma non si trovavano buche già fatte, e quella sodaglia era troppo aperta, perché un uomo potesse scavarne una senza dare sospetto a qualcheduno. C'era anche troppo cielo di sopra.

Visto un fossatello in cui stagnava ancora della vecchia acqua piovana, si abbassò con tutta la persona, trasse il carniere davanti, girò l'occhio intorno... Ma non osò buttar via il carniere. L'ombra sua ingrandita dal sole cadente era un troppo noioso testimonio.

Quando si alzò, gli parve d'essere divenuto grande come un gigante, e temette quasi di dar la testa nella vólta del cielo...

Allora pensò che era piú sicuro andare a casa, rinchiudersi

nella sua stanza, tagliuzzare e distruggere a poco a poco questa noiosa reliquia. Si rimise in cammino, tornò sulla strada, fino al casello, raggiunse la piccola stazione, e quando arrivò il treno, saltò in un vagone di terza classe, contento di viaggiare coi buoni figli del popolo, tra cui trovò chi gli parlò a lungo di cani, di beccacce e di allodole. Nella dimestichezza col popolo, egli perdeva di vista il barone, e sentiva nascere la compiacenza di essere un cacciatore come se ne danno tanti, reo soltanto d'aver ucciso della selvaggina; un buon uomo innocente insomma, che in un bicchier di vino e in una buona pipa mette tutto il problema dell'umana felicità.

Arrivò a Napoli ch'era già buio, e ripiegò verso i sobborghi coll'idea di giungere al mare in qualche sito deserto.

Piú volte si arrestò preso dalla tentazione di lasciar cadere carniere e cappello in uno di quei tanti canali di scolo che escono dalle case del popolo; ma anche qui pensò che poteva essere ripescato dai ragazzi, che guazzano nelle fogne come le rane nel pantano.

Siccome «u prevete» aveva già creato a sé una piccola leggenda, bisognava evitare qualunque segno che potesse guidare la curiosità della gente sulle traccie del delitto. Anche il cappello aveva oramai la sua piccola leggenda.

«U prevete» l'aveva pagato al cappellaio con un terno, che uscí tutto; ne aveva parlato tutta la città; tutti i gìornali vi avevano ricamati sopra i loro commenti: l'oste del «Vesuvio» l'aveva portato alla Falda in un sacco, poi l'aveva dato a un cacciatore...

Alla Falda l'aneddoto del cappello doveva ora divertire i buoni avventori dell'osteria del «Vesuvio». Occorreva dunque la massima prudenza per non richiamare l'attenzione di nessuno su questo cencio mortuario che aveva in sé tanta forza di vita. Per Dio, pareva che lo spirito del prete vi si dibattesse dentro con impeti e convulsioni di uccellaccio agonizzante. Non l'avrebbe seppellito, nemmeno nella sabbia del mare, dove vanno i ragazzi a cercare nicchi e coralli.

Non si poteva pensare nemmeno a bruciarlo.

Come si fa un falò in mezzo alla via? Per il diavolo! era stato meno difficile sbarazzarsi del prete... «U barone» sentiva che la materia è dura, indistruttibile, mentre un uomo si spegne come a soffiare sopra una candela. Gli tornarono in mente molti aforismi del celebre dottor Panterre su questo argomento, mentre camminava nel buio, gesticolando come un forsennato, tra le ultime case dei pescatori lungo la marina.

La difficoltà dell'impresa, la stanchezza del viaggio, il tedio che gli dava quel cappellaccio co' suoi impeti e col continuo battere sui fianchi in un rumore di noce fessa, tutto ciò misto alla paura delle ombre finí coll'irritare un uomo che nel buio, nel deserto, nella quiete profonda della notte sentiva troppo sé stesso.

E si sarebbe forse buttato in mezzo alla via affranto e nauseato, se, uscendo da un vicoletto, non si fosse trovato davanti tutto il mare, con una immensa spiaggia aperta e deserta, colla sua bell'onda grossa e sbuffante, che veniva faticosamente sul lido e qui si scioglieva fremendo sulla ghiaia in un lieto bisbiglio di spume.

A sinistra Napoli splendeva di mille lumi; nella notte mandava un ampio bagliore al cielo.

La notte era chiusa, senza vento, senza stelle, e pareva fatta per un delitto.

Dieci o dodici passi avanti c'era un piccolo promontorio di neri scogli e di ciottoli che si protendevano nell'acqua.

«U barone» fu guidato da una mano invisibile (alla quale cominciava a credere fin troppo) verso gli scogli, e vi trovò una barcaccia da pesca coi remi dentro, legata a un masso con una catena e riparata dai flutti. Non c'era intorno anima viva. Entrò nella barca, la sciolse, prese i remi, e pigliato il momento che l'onda torna indietro, con quattro colpi si trovò al largo, avvolto nelle fitte tenebre, solo, tra un mare nero e un cielo nero, dimenticato da tutti, diviso dalla morte da sole quattro assicelle tarlate.

Egli aveva data una grande battaglia alla natura, che inutilmente l'aveva fatto inseguire dai suoi fantasmi. Finalmente l'uomo forte e prudente l'aveva vinta!

Socchiudendo gli occhi, come se avesse paura di vedere un capo di morto, cacciò le mani nel carniere, sentí il suo cappello, lo trasse fuori, buttò il carniere nel fondo della barca, con una cinghia legò il cappello stretto stretto al fucile, e ridendo gelidamente nel buio, tuffò il fucile nell'acqua, fino alla bocca, compiacendosi di tenerlo un momento nel pugno per assaporare piú lentamente il suo trionfo... poi aprí la mano.

Il fucile e il cappello, precipitando senza rumore, si perdettero negli oscuri abissi del mare.

- Ecco fatto, prete! - disse a voce alta «u barone» ridestando un piccolo suono nascosto tra gli scogli. Pareva che il prete rispondesse: amen.

Un'ora dopo sotto un torrente di poggia «u barone» rientrava in città. Andò a casa difilato, si spogliò degli abiti da cacciatore, si cacciò nel letto e si addormentò di un sonno greve e senza pensieri. Ne aveva bisogno. La giornata era stata lunga e piena di scosse. Si sentiva le ossa fracassate, l'anima affranta: e dormí profondamente sulla sua vittoria.

La mattina seguente, mentre sua eccellenza dormiva ancora profondamente sulla sua vittoria, i ragazzi strilloni correvano per le vie di Napoli a gridare coi foglietti in mano:

- «U cappiello du prevete».
- Grande scoperta, il cappello del prete. –
- «U cappiello du prevete Cirillo».
- A un soldo il cappello del prete.

La gente, specialmente il popolino, comperava i foglietti, e innanzi agli acquaioli e ai caffeucci si formavano dei crocchi. Uno leggeva e gli altri ascoltavano, e tutti ripetevano poi la storia del cappello arrivato a Filippino dentro una scatola, con quella naturale immaginazione della gente fantastica, che quando trova un bel caso vero, cerca di consolarsi in qualche maniera del dispiacere di non averlo inventato.

PARTE SECONDA

I

LA MANO DELLA GIUSTIZIA

IL barone di Santafusca, messo il cuore in pace, poteva

dormire felicemente, ma i guai e le tribolazioni cominciarono invece per l'altro colpevole, voglio dire (se non avete indovinato) per don Antonio.

Il povero prete una mattina sull'alba non aveva ancora finito un bel sogno (cioè che l'arcivescovo era venuto a Santafusca, con molto seguito di prelati in mitra, che la chiesa era tutta splendente di lampade d'argento, che egli cantava messa con una mitra in testa...) quando Martino bussò con fracasso all'uscio.

- Che c'è? - esclamò il vecchio, alzando la testa e portando la mano al berretto da notte, che gli stringeva un poco la fronte. - Non è ancora l'ora della messa.

- Non è la messa, don Antonio. Venga giú. C'è, c'è... un delegato della polizia con... con...

Si sentiva che Martino non era troppo padrone della sua voce. Don Antonio avrebbe scommesso che gli tremavano le gambe.

- Un delegato della po... li... zia,... che roba è questa? È uno sbaglio.

Don Antonio buttò la mitra... ovverosia il berretto da notte sul letto, e cacciò fuori le gambe.

- Che cosa vuole da me questo signor delegato?

- Non lo dice. Venga giú presto.

- Vengo. Un delegato? che conti ho io colla polizia? certo un errore giudiziario. A meno che non si tratti della faccenda di Lella, che ha dato una coltellata a Guasco. Sempre il coltello in mano quel... quei... quei...

E su queste parole, che andava ripetendo meccanicamente, scese a basso, senza collare, colla veste in disordine, e cogli occhi ancora pieni di nebbia.

Trovò nel salottino, dove soleva d'estate studiare le sue prediche e fare un sonnellino tra un punto e l'altro, un signore serio, vestito tutto di nero, con due baffi neri, in compagnia di un grande carabiniere, forse il maresciallo, che toccava colla punta del suo cappello il soffitto.

Il prete fece tre o quattro inchini prima di poter trovare la voce.

Il signore vestito di nero s'inchinò anche lui, mentre il signor maresciallo andava a chiudere la porta.

- In che cosa posso servire questi bravi signori? - disse con un gran condimento di tenerezza il Povero vecchietto tutto spaventato.

- Devo farle alcune dimande e darle forse qualche seccatura. Ella è don Antonio Spino?

- Per servirla. Prego si accomodi.

- Ella ha scritto giorni fa una lettera a un certo Filippino Maritica, cappellaio in Napoli.

- Precisamente.

- La lettera accompagnava...

- Una scatola..., sissignore.

- Con un cappello...

- Precisamente, con un cappello, sissignore...

- Benissimo! Potrebbe ora favorirmi qualche spiegazione su questa lettera?... la riconosce per sua?

Il signor delegato presentò un foglio spiegato.

- È la mia scrittura..., è quella, - balbettò don Antonio, che non sapeva ancora in quali acque navigava.

- Ella qui dice che il cappello fu trovato «nei dintorni». Ebbene: importa molto al procuratore del re di sapere la località precisa ove il cappello è stato trovato, chi l'ha trovato, da quanto tempo è stato trovato, per quali mani è passato... e ciò s'intende nel miglior modo possibile, perché si tratta..., ma dirò poi di che cosa si tratta.

A ognuna di queste parole, don Antonio cadeva di meraviglia in meraviglia, e il suo spirito si smarriva. Si ricordava di non essere stato troppo preciso nella sua lettera, e veramente la cosa era andata diversamente. Ecco che cosa significa non dire tutta la verità. - Ecco, - diceva la coscienza, - tu hai voluto nascondere il tuo peccato, e il tuo peccato è venuto a galla da sé. Chi non ha voluto confessarsi innanzi a Dio, deve oggi confessarsi davanti al signor delegato e al signor carabiniere.-

Queste meditazioni passarono tutte insieme in un volo rapido e confuso. Poi disse:

- Sarò sincero, mio bravo signore, e racconterò esattamente come quel cappello sia venuto nelle mie mani e perché l'abbia inviato al signor Filippino.

- Badi che intanto io prendo nota della sua deposizione e

che la signoria vostra potrebbe essere chiamata in giudizio pubblico a confermarla.

- In giudizio pubblico? o anime divine! ma, ma, si fa questione di processo? Dove sono io? io non sono colpevole che d'un piccolo peccato d'avarizia e d'un po' di pigrizia. Posso aver mentito una volta, dicendo che l'avevo comperato co' miei denari, e un'altra volta ho velato un poco la verità scrivendo una frase generica, ma non vedo, scusi, non vedo che ci possa essere materia di penale...

- Si calmi, don Antonio, ed esponga tranquillamente tutto ciò che ella sa su questo fatto. Il signor maresciallo non ha nessuna intenzione di arrestarla.

Il signore vestito di nero sorrise un poco, e ciò rinfrancò un po' l'animo sbigottito del povero prete, che prese il suo coraggio colle due mani e cominciò un racconto lungo lungo, minuto, preciso, senza trascurare la minima circostanza. Disse il giorno, l'ora, il minuto in cui Martino era venuto a chiamarlo per correre in aiuto di Salvatore, lo scambio del cappello avvenuto nella camera del morto, e come avesse perduto il suo. Confessò i suoi dubbii, i suoi scrupoli, i discorsi fatti con Martino, la lettera scritta a monsignor vicario, e presentò la risposta di monsignore. Disse come scoprisse il nome del cappellaio, mostrò la polizza rilasciata dal capostazione per «scatola con cappello» (ci aveva rimesse anche le spese di spedizione), insomma vuotò, rovesciò tutta la sua coscienza, come si fa col sacco della farina, allorché è sul finire. Non si era confessato con tanto ardore e con tanta compunzione la vigilia della sua prima messa.

Il signor delegato, che aveva pescato in fondo ad una tasca un calamaio d'osso e una penna, scrisse tutto sopra un cartolare in presenza del signor carabiniere, che ascoltava colle braccia incrociate sul petto e riempiva con le sue spalle tutto lo stanzino.

Si fece consegnare la lettera di monsignore, la polizza della «scatola con cappello», che allegò in numero A, B, all'incartamento, poi disse:

- Da tutto ciò che ella mi ha detto, reverendo, vedo che ella ha agito in perfetta buona fede: ma non sarà mia colpa se io dovrò darle di nuovo qualche disturbo. Noi siamo forse alla presenza di un delitto.

- Un delitto! - esclamò don Antonio col viso spaventato.

Martino, che stava ascoltando dietro l'uscio coll'occhio alla serratura, dovette appoggiarsi colle mani alle ginocchia.

- Questo cappello dei diavolo, come ella lo ha giustamente chiamato, apparteneva a un vecchio sacerdote da una ventina di giorni scomparso da Napoli, senza che nessuno abbia mai saputo dar notizia di lui. Siccome c'è ogni ragione per credere ch'egli sia stato assassinato, cosí è necessario che don Antonio offra ogni suo sussidio, affinché la giustizia sia illuminata nelle sue ricerche.

Don Antonio non fece che aprire un poco le mani e rimase immobile sulla sua sedia colle labbra aperte, inerte come un uomo assiderato. I sensi dei povero vecchio erano rimasti come inchiodati alla spaventosa immagine di un cappello che era stato in testa a un fratello assassinato, un cappello che egli aveva portato sulla testa con maledetta presunzione, ch'egli aveva collocato presso gli altari...

Altro che la mitra sognata! Altro che il cappello cardinalizio promesso da Martino! Questo era un cappello rosso, ma rosso di sangue cristiano..., di sangue consacrato...

- Ella ha detto, don Antonio, di aver lasciato in luogo del cappello rosso incriminato il suo vecchio cappello...

Don Antonio disse di sí col capo. La lingua era gelata in bocca.

- E sarebbe venuto un giovinotto che sta alla Falda a portar via il cappello colla roba?

Don Antonio tornò a dir di sí col capo.

Il delegato tirò in disparte il signor maresciallo e gli parlò a lungo sottovoce. Pare che combinassero di mandar subito due uomini alla Falda per arrestare l'oste dei «Vesuvio» che nella mente del bravo funzionario appariva come intricato in questa oscura faccenda. Il valente funzionario cominciava a rallegrarsi d'aver in mano un filo conduttore. Capita a pochi (se ben si considera) di andare in cerca d'un cappello e di trovarne due.

Fu chiamato subito anche Jervolino il segretario e fu sentito in paragone di Martino il campanaro. Jervolino aveva avuto la chiave della villa, ma ora questa l'aveva «u barone».

Il delegato rifletté un momento se doveva aspettare nuovi

ordini da Napoli prima di far scassinare il cancello della villa; ma poi pensò che il paese era già in subbuglio, che i camorristi hanno segreti alleati e che ogni ora perduta poteva far perdere le traccie del prete.

Si mandò subito in cerca di un fabbro che aprisse il cancello.

Il signor delegato si assumeva sulla sua responsabilità di rispondere in faccia ai giudici e al barone di Santafusca.

Non senza qualche fatica fu scassinata la vecchia e rugginosa serratura del cancello verso le scuderie, mentre la gente, messa in agitazione da Martino, veniva a riempire le strade e la piazzuola coll'animo disposto a difendere il suo pastore, il vecchio patriarca dell'antico testamento.

Tutti parlavano di questo cappello, e un ragazzo, guardiano di pecore uscí a dire d'aver veduto un giorno un certo prete salire alla villa per il viale degli ulivi; ma nessuno volle badare a ciò che diceva un ragazzo.

Condotti dal curato e dal campanaro, delegato e guardie invasero la stanzuccia di Salvatore, di cui fu stesa una breve descrizione.

- Il cappello nuovo era sul canterano, ella dice?

- Signor sí. E il cappello vecchio sulla sedia? Sulla sedia precisamente.

Il delegato notò nel processo verbale anche canterano e sedia, e poiché gli pareva di aver compiuto tutto il suo dovere, lasciò un soldato di guardia al cancello coll'ordine di tener lontano i ragazzi e le donne spettinate, e colla corsa delle undici partí per Napoli.

Don Antonio non disse quel giorno la sua solita messa.

Quasi invecchiato di trent'anni, si trascinò fino a casa e si buttò sulla poltrona a gemere e a sospirare.

- O Signore - diceva - pietà di questo vostro vecchio servo che fu troppo punito del suo peccato. Voi che scrutate le reni e i cuori, pesate colla bilancia della vostra misericordia il mio peccato e sentenziate nella vostra giustizia. Se vi pare che la mia morte basti a lavare la menzogna e la debolezza di spirito di un'ora sciagurata, fatemi morire adesso e chiamatemi a riposare nel vostro grembo. O se volete che questi tormenti siano l'espiazione terrena di un vecchio peccatore, benedetta la vostra mano che castiga, o Signore.

Una grande tristezza pesò quel giorno sul paese di Santafusca, come se l'ombra malinconica e triste del cappellaccio coprisse la chiesa e le case.

II

L'ORGIA

- O Marinella, lume di stella, candida e bella, o navicella...

«U barone», come si vede, era in vena di poetare.

Il vin del Reno, sangue di Muse, aveva riscaldata la sua fantasia. Quando un uomo siede da due ore a tavola in buona compagnia con quattro bicchieri di cristallo davanti, e due belle ragazze ai fianchi, si capisce come possa diventare un pochino poeta.

- A te, Usilli, canta Lellina.

- Grassa e piccina...

- Fior di farina...

- O barchettina...

- Stupidissime barbe! - gridava Lellina, versando un calice di buon vino di Siracusa nella schiena del marchese Carlo Emanuele Lodovico di Spiano cavaliere di Malta.

«U barone» sull'aria del Sabba classico del «Mefistofele» ripigliò il suo ritornello:

- O Maddalena, la pancia è piena, canta, sirena...

La villetta della «Favorita», posta quasi a picco sul mare, era un panierino di legno traforato in mezzo a un boschetto di lauri e aranci.

Vico di Spiano, che da qualche tempo era in rialzo di fortuna, l'aveva acquistata per farne un regalo provvisorio a Lellina, una gattina piena di capricci e di pretensioni. Oggi convitava i buoni amici «sans façons» a un lunch di famiglia, e prometteva di fare qualche cosa di piú, se «Andreina» vinceva un premio alle prossime corse.

«Andreina» era una cavalla.

Lellina era una gattina.

- Fior di farina!
- Canta Lellina.
- O barchettina.
- Candida e bella.
- O Marinella.
- La pancia è piena.
- Canta, sirena.

Usilli aveva portato un cesto di bottiglie di Sciampagna, marca garantita, cinquanta lire alla bottiglia, che egli aveva comperato da un capo scudiero del duca di Sassonia, il quale era venuto a passare l'inverno (lo scudiero non il duca) in una villa di Mergellina. Il vino era Sciampagna genuino come si serve alle tavole dei principi, e molto probabilmente lo scudiero l'aveva rubato al suo padrone.

- Vino rubato è vino già pagato.

I turaccioli scapparono dalle bocche d'argento come palle di lucide mitragliatrici, e saltarono in mare. Un'onda bionda e spumosa come i capelli di Marinella riempí le coppe, i piatti, traboccò, spruzzò i seni delle ragazze che si tuffarono gridando in quel dolce lavacro fremente, mentre «u barone», piú alticcio degli altri, diceva di celebrare la santa messa.

Per quanto ei fosse venuto con tutte le buone intenzioni di non chiacchierar troppo e di custodirsi sempre cogli occhi, non poteva impedire al Reno e allo Sciampagna di dire anche le loro ragioni. Lieto ed ebbro di una falsa ilarità, guardando attraverso il bicchiere si rallegrava di non vedervi nulla, nemmeno un puntino nero.

Dall'alto terrazzo della villa l'occhio poteva scorrere su tutta la superficie del mare di sotto, che fa da ampio piatto azzurro alla tazza azzurra del firmamento. Nel gran tremolío fosforescente delle ondine al sole palpitava l'immensa vita della natura, quella vita che «u barone» sentiva in sé, mentre stringeva Marinella nelle braccia.

Chi avrebbe pescato in quel gran mare di seicento leghe un cappelluccio di prete?

- Tu mi hai promesso cento volte di condurmi a Santafusca; ma sei un barone d'un barone disse Marinella.
- L'ho venduta.

- L'hai venduta al prete?- chiese Vico di Spiano.
- Quale prete?
- Quello dell'ipoteca.
- Si l'ho venduta all'arcivescovo.
- Oh! a proposito di prete - disse la Marinella. - Avete letto il *Piccolo* di ieri sera? L'hanno trovato il prete.
- Che prete? - domandò sbadatamente «u barone».
- Quello del cappello. Non hai letto il *Piccolo*?
- Va, pazzerella, io ti comprerò una villa piú bella di questa -disse il barone che intendeva a mezzo.
- Oh guarda lassú quell'uccellaccio! - gridarono le donne, segnando colla mano un punto alto del cielo.
- È un'aquila.
- È un airone.
- È una gru.
Nel punto piú chiaro del cielo volgevasi un coso nero, un uccellaccio di mare. «U barone», che mal si reggeva sulle gambe, ridendo sgangheratamente disse:
- È il cappello del prete.
E rimase un istante col dito verso il cielo in atto di sfida.
Non so dire come fosse venuto sulla tavola il *Piccolo*.
«U barone», che aveva già le vertigini, accese un grosso avana, spinse una poltrona sul terrazzo, vi si sdraiò, distendendo le gambe, e aprí il giornale, mentre mandava grossi buffi di fumo al Padre Eterno.
Nel bel mezzo della pagina a grossi caratteri vide stampato:

IL CAPPELLO DEL PRETE

Lo vide bene e non mostrò meraviglia. Gli pareva un fatto cosí sciocco e comune, che non valeva quasi la pena di occuparsene. Lesse solo per curiosità le prime righe, e per un giramento del capo gli si mescolarono le parole in una broda nera e sanguigna.
Un resto di ragione, sopravvissuta al bagordo, cercò di richiamare l'attenzione dispersa sulle cose inchiodate dalle parole sulla carta: ma il cervello era pieno di fumo. Il vino, il pasticcio

d'oca, la torta, l'aragosta che egli aveva mangiato, fecero ad un tratto come una macina da molino sulla bocca dello stomaco.

«U barone» si sentiva schiacciato in mezzo al petto, mentre la testa si squagliava, volava. Al disotto del gran fumo usciva tratto tratto la grossa scritta nera, segnata da altre righe nere in cui spiccava il nome di prete Cirillo, il cappello, il cappellaio, Santafusca, la scatola...

Non ne capiva il senso, ma un atomo di coscienza restava come infilzato su uno spillo a soffrire atrocemente di tutto quel diavolío di geroglifici. Soffiava grossi sbuffi di fumo, ansando, sudando d'un sudor freddo che gl'imperlava la fronte divenuta pallida e fredda.

Le ragazze intanto distese sulle sedie ripetevano in un coro sguaiato la bella canzone:

- Fior di farina.
- O barchettina.
- Candida e bella.
- O Marinella.

E non poter leggere!... quale maledizione non poter capire come c'entrasse quella scatola e il cappellaio.

Dopo un grande e faticoso sforzo di mente una volta riuscí a decifrare questa frase:

«La cosa è ora nelle mani dei procuratore del re.»

Era un sogno d'ubbriaco? Girava gli occhi verso la sala da pranzo, e riconosceva il luogo, gli amici, le donne sdraiate e seminude, che fumavano le loro sigarette. Girava gli occhi dall'altra parte e vedeva il bagliore azzurro e tremolante del mare infinito, dov'era andato a precipitare il suo segreto. Provava a scuotere il foglio bianco e nero che teneva in mano. Lo sentiva stridere, cantare, e la scritta maiuscola pareva diventata ancor piú grande; cosí:

IL CAPPELLO DEL PRETE

Certo era un sogno, un delirio, un incubo del vino e del pasticcio d'oca.

Non erano insomma che sensazioni.

Si voltò verso le ragazze e disse ridendo:

- Stupidissime barbe...

Sentiva nel modo stesso che egli faceva a ridere, di essere ubbriaco. Lo sentiva dal peso stesso delle sue scarpe che parevano diventate di piombo. Badasse per carità a custodirsi, a non tradirsi. Riprese la lettura.

Quello stupido foglio nominava anche lui insieme a don Antonio. Vedi il sogno? vedi la stravaganza! vedi il romanzo di Saverio Montépin!

Ecco che cosa diceva il *Piccolo*:

«Tutti i nostri lettori si ricorderanno certamente di prete Cirillo, del quale abbiamo parlato in occasione di una straordinaria vincita al lotto fatta da un cappellaio di Napoli. Abbiamo detto, in quella circostanza, che il prete aveva lasciata la città e nessuno non seppe piú nulla dei fatti suoi. Già si cominciava a dubitare che gli fosse capitato una brutta avventura, ed ecco ora un fatto curioso che conferma quei brutti sospetti.

«- Che? - voi direte, - s'è trovato il suo cadavere?

«- No.

«- Si è scoperta una congiura

«- No.

«- S'è arrestato l'assassino?

«- Nemmeno. Si è semplicemente trovato il suo cappello.

«Un cappello? ma che faccenda è questa! Pare una favola delle *Mille ed una notte* e non è che la verità».

Il giornale, dopo aver raccontato il fatto, riportandolo dal *Popolo Cattolico* senza citarlo, concludeva:

«Abbiamo mandato uno dei nostri reporter a Santafusca a raccogliere dei particolari, e terremo informati i nostri lettori di tutta questa bizzarra e non semplice faccenda».

A poco a poco, «u barone» aveva potuto decifrare il senso di queste parole, e in mezzo alle fiamme e al fumo della sua ubbriachezza gli apparí chiaramente il pensiero del suo pericolo. Una forza piú potente della ragione e del caso si pigliava burla di lui. Sentí un fiotto di sangue montare precipitosamente alla testa seguito da un fiotto di bile che gli fece amara la bocca. Diventando ad un tratto frenetico, lacerò rabbiosamente il foglio, se lo cacciò in bocca, lo morse, urtò e ruppe i vetri della finestra e andò a rotolare, ruggendo come una bestia feroce, sotto la tavola.

Ne nacque un tremendo scompiglio. La ragazze spaventate, strillando come aquile, fuggirono di qua e di là, mentre i servi accorsi al rumore e alle chiamate, aiutavano a portar via il barone ubbriaco, duro e stecchito come un epilettico.

III
L'HANNO ARRESTATO

Quando il barone si risvegliò dal quel letargo di piombo, in cui lo aveva gettato il vino e lo spavento, stentò a raccapezzarsi, e si stupí di trovarsi in un letto non suo, presso al mare, solo, vestito sul letto, col capo e con una mano fasciata.

Una volta erano avventure che facevano piacere. Ma era passato il tempo in cui il giovane e brillante Santafusca, ferito quasi a morte in un duello, si risvegliava nella casa di una fata.

Era passato da un pezzo il caro tempo delle fate.

La vista del mare, che tremolava di sotto nella sua vampa azzurra, cominciò a richiamare un'ombra, e dietro l'ombra un'idea... ma un'idea molle e confusa, in cui sentiva che entrava ancora in qualche maniera il suo prete; piú che un'idea era un dolore al cuore, dove provava di tanto in tanto un'acuta trafitta.

- Se vostra eccellenza comanda qualche cosa... - domandò un servo in livrea, che entrò improvvisamente da una portiera di velluto.

- Dove sono?

- Alla «Favorita», eccellenza; e il mio padrone, il marchese di Spiano, mi ha detto di scusarla se dovette partire per Napoli. Sarà di ritorno questa sera...

- Ah!... questa è la «Favorita»... Ora mi ricordo! Ma che cosa e accaduto, amico mio?

Vostra eccellenza s'è sentita molto male ieri.

Mi ricordo. La colpa fu dello Sciampagna. Quel capo scudiero del re di Sassonia ha rubato un certo vino!... Basta; son cose che capitano ai vivi, vero, giovinotto?

Il servitore fece un piccolo inchino e sorrise in maniera da far capire che sapeva compatire queste disgrazie.

Anche ai ladri toccano delle strane disillusioni.

- Il signor marchese la prega di ordinare liberamente ciò che le abbisogna.

- Allora cominciamo da un caffè! ma prima dimmi se ho dormito un pezzo.

- Da ieri fino a oggi, e sono le dieci.

- Cospettina! c'è della morfina in quel vino. E dici che tornerà stasera il marchese?

- Sissignore. È andato a Napoli per qualche combinazione per le corse di domani.

- È vero, domani gran giorno di corse. E quelle signore d'ieri...?

- Son partite subito.

- Dimmi ancora: perché ho fasciata la mano e la testa? che c'è? sangue?

- Vostra eccellenza è caduta sulla grande lastra di vetro del balcone e si è tagliata qui e là. Il pavimento è cosí lucido...

- Altro che morfina! Portami il caffè.

«U barone» si mise a sedere sul letto, e si toccò la testa e la mano. Non erano che scalfitture. Altre volte ne aveva toccato di peggio. Infine non è una disgrazia risvegliarsi in un bel casino in riva al mare dopo aver dormito diciott'ore d'un profondo sonno. Poiché l'amico di Spiano era tanto cortese, Santafusca intendeva approfittare della sua bontà e rimanere alla «Favorita», finché avesse avuto il tempo di mandare a Napoli a prendere dei vestiti piú decenti. Dalla baldoria il vecchio libertino era uscito come un cane da una chiesa. Vino e sangue dappertutto.

- Vino e sangue! che bel titolo per un romanzo d'appendice!

L'idea del romanzo richiamò l'altra dei giornale, e questa l'altra del *Piccolo* colla storia famosa di un cappello.

- Era un fatto vero od era stato un sogno di un uomo ubbriaco?

Il servo entrò col caffè.

- Ci sarà un concorso enorme dimani: vedremo elegantissimi equipaggi. Il premio Sebeto quest'anno è di tremila lire, e di duemila e cinquecento il premio del Ministero. Sento che molti scommettono per «Andreina». Il marchese è fortunato. L'anno scorso ha vinto le ottomila lire del premio Ottaiano con

«Rodomonte». Un bel cavallo, corpo del diavolo, quel «Rodomonte»! Che testa! Hai il *Piccolo* di ieri?

Guarderò, ci deve essere.

Il servo, versato il caffè, uscì.

Era stato un sogno, dunque, o veramente il Piccolo aveva riportato la storiella di un cappello mandato da don Antonio in una scatola a un cappellaio di Napoli? Già un'altra volta aveva fatto un sogno meraviglioso. La sua fantasia non dormiva più e si sa che i sogni son fatti coi frastagli che cadono dalle nostre idee. «U barone» fissò l'occhio nel fondo della chicchera come se vi cercasse dentro la chiave di un enigma.

Il servo entrò con un pezzo di giornale sciupato, fatto a brani. Era quanto rimaneva del *Piccolo*.

- Lascia vedere... queste corse.

«U barone» accomodò i pezzi sul letto e tornò a vedere la grossa scritta:

IL CAPPELLO DEL PRETE

Non era più il caso né di sogni né di vino traditore.

Il caffè aveva dissipata la nebbia del capo. Sebbene la storiella fosse monca qua e là, «li barone» poté leggerla e toccarla con mano. Non era più ubbriaco. Non dormiva. Non delirava. Ricordava benissimo anzi che quel foglio assassino gli aveva fatto salire il vino e il sangue alla testa.

Vino e sangue non era un titolo da romanzo, ma la vera storia orribile della sua vita. E questa storia minacciava di non finir mai. Era uno spavento, un castigo, un tormento insopportabile di sentire qualcuno che camminava, incalzava dietro le spalle e di non poter fermare quel fantasma, di non poter farsi una ragione delle cose.

In qual maniera il cappello del morto avesse potuto uscire dal fondo del mare ed arrivare col mezzo della ferrovia dentro una bella scatola suggellata fino nelle mani del procuratore del re, era anche questo un mistero che egli rinunciava di decifrare. C'è forse al disopra delle cose e della ragione una forza operatrice più potente delle cose e della ragione? Era ancora la mano invisibile che scendeva lunga lunga fin negli abissi dell'Oceano a pescare il suo delitto?

- No, Santafusca, questa è della filosofia trascendentale. Guarda bene: ciò è accaduto perché tu hai sbagliato. O tu hai sottratto un altro cappello, o il procuratore del re ha pescato un granchio... Ragioniamo, per carità. Quel prete non aveva due cappelli, come non aveva due teste. Se la giustizia prende un granchio, se ne accorgerà subito, e prete Cirillo ripiomberà nel suo nulla quasi per forza d'inerzia. Se ho sbagliato io... ebbene, vediamo, che male me ne può derivare? Sí, è stato trovato un cappello da prete. Ebbene? che significa ciò? («U barone» immaginava una disputa tra lui e il procuratore). - Vediamo, signor procuratore, che significa ciò? - Ma il cappello è stato trovato nei dintorni di Santafusca. - Bravo, me ne rallegro, e cosí? - Il prete non si vede piú. - E lo conta a me? - Si dice che sia stato ucciso. - Che colpa ne ho io, caro commendatore? - È stato trovato nella sua villa. - Chi?... il cappello o il prete? - Il cappello. - La mia villa è la casa di tutti, e le capre di Salvatore sono piú padrone di me. Piano, piano, non si lancia con tanta leggerezza una accusa sopra un gentiluomo, sopra una delle piú antiche famiglie del reame. E chi è questo prete? io non l'ho mai né visto né conosciuto... To'... Anzi, mi meraviglio altamente di non essere stato avvertito subito, e protesto contro l'abuso che si fa del mio nome.

Il barone faceva questi discorsi, mentre si raccomodava un poco gli abiti addosso. Recitando a sé stesso la sua difesa, andava persuadendosi egli per il primo di ciò che credeva di dover persuadere agli altri. Non aveva nessun motivo per temere, e quando avesse potuto rimuovere i soliti spaventi dell'immaginazione non avrebbe avuto paura, lo sentiva, di sostenere anche la vista del morto.

Solo costui poteva accusarlo; ma si può pescare un cappello, non si fa parlare un morto.

D'altra parte, non gli parve prudente nemmeno di stare colle mani in mano. Se era da uomo sciocco ed ubbriaco perdere la testa per un cappello, non conveniva permettere che i giornali si impadronissero del fatto, e andassero a cercare cinque piedi al montone. Poiché Santafusca era implicato in questa faccenda, era dover suo correre, interrogare, andare dallo stesso procuratore del re a sentire quanto c'era di vero in fondo a questo cappello.

Anche il troppo tacere in una cosa, in cui direttamente o indirettamente entrava il suo nome, poteva destare qualche sorpresa nella gente. Una parte bisognava pur rappresentarla in questo processo, almeno quella di padrone di casa.

Bisognava assolutamente ch'egli tornasse a Napoli: si lavò le mani, acconciò le vesti, chiamò il servo e dimandò se c'era una carrozza chiusa che lo portasse in città.

- Ella deve comandare tutto ciò che desidera.

- Dirai al marchese... ma spero di vederlo io stesso fra un paio d'ore.

Bisognava ch'egli vedesse i giornali della mattina, e se era necessario pubblicasse qualche rettifica.

- Maledetti i giornali! - diceva «il barone» sdraiato nell'angolo della carrozza a due cavalli che volavano verso la città. - Maledette le ciarle stampate! Se io fossi il padrone, vorrei affogarli tutti i giornalisti!

Il sentimento feudale dei vecchi Santafusca ribolliva in lui, e il sangue ribellavasi con furore a questo sistema detto di democrazia che consiste nel raccogliere su un foglio stampato i pettegolezzi, che le pescivendole sparpagliano sui loro usci. Colla scusa di un «si dice», si stampano cose che nessuno dice, che nessuno vorrebbe dire, e nemmeno sentire a dire.

Arrivò a Napoli che stava ancora impiccando in idea un giornalista. Diede una mancia al cocchiere e corse in casa a farsi decente e presentabile. Maddalena venne ad aprire e ripeté le solite frasi, che il padrone per vecchia abitudine non ascoltava piú.

Mentre si rivestiva, ripeté a sé stesso la sua difesa, e vide ch'egli non aveva a temere niente dagli uomini, tanto meno dal Padre Eterno. Desiderando vedere il marchese per fargli le sue scuse, uscí quasi subito, e andò al circolo ove di solito Vico di Spiano faceva colazione. Era anche il modo piú breve per vedere tutti i giornali della mattina.

Entrando in anticamera, senti il portiere che diceva a Raffaello:

- L'hanno arrestato.

- Chi? - domandò repentinamente «u barone» come se la

parola fosse stata rivolta a lui.

- L'assassino del prete, eccellenza.

IV

L'ASSASSINO DEL PRETE

Il barone non ebbe quasi tempo di afferrare queste parole che:

- Eccolo, eccolo! - gridarono molte voci, e vide l'Usilli, di Spiano, in compagnia di altri signori, che entravano dietro di lui e che gli andarono incontro per avere notizie della sua preziosa salute.

- Ebbene, come ti senti? che cos'è stato?

- Effetto di aragosta?

- Effetto del vostro scelleratissimo Sciampagna - disse il barone, stringendo la mano a questo e a quello.

- Non capite? - disse l'Usilli, - l'aragosta si trovò a nuotare in un elemento che non era il suo e fece una rivoluzione.

- Mi rincresce, caro marchese, ma pagherò i vetri e lo scandalo.

- Non ti sei fatto troppo male?

- Qualche scalfittura. Sai, noi siamo pachidermi...

Il barone cercava di ridere rumorosamente, ma rideva piú coi denti che col cuore.

- Conte, - disse di Spiano, volgendosi a uno dei presenti - ho l'onore di presentarvi il barone Coriolano di Santafusca, mio vecchio amico e vecchio patriota; e a te, amico, presento il conte Ignazi di Roma, che ha portato il suo famoso «Lazio».

- Che vinse il «derby» di Roma di quest'autunno?

- Precisamente...

- E questi è il conte Stagni di Urbino, già nostro ospite da qualche giorno.

- Ho piacere... grazie!

- Onor mio!

I bravi signori si strinsero la mano e si lodarono un pezzo a vicenda, come fanno di solito. Il conte Stagni credette di riconoscere il barone per averlo veduto un venti giorni prima a una piccola stazione presso Napoli.

- Sarà benissimo, - disse con freddezza Santafusca.

- Tornavo da una gita a Pompei e richiamò la mia attenzione un signore che correva verso la stazione per non perdere il treno...

- Ella è buon fisionimista - tornò a dire il barone, che in mezzo a tutti questi discorsi andava ripetendo mentalmente la frase udita in anticamera: «Hanno arrestato l'assassino del prete!».

- Tu fai colazione con noi, barone.

- Volontieri; do prima un'occhiata ai giornali.

- Giusto, a proposito, - gridò l'Usilli - Santafusca sta per diventare famosa. Hanno scoperto l'assassino dei prete.

- Che assassino?! - dimandò quasi con villania il barone.

- Leggi, c'è tutta l'intera ed esatta spiegazione. Io sono un dilettante di processi celebri, e se non fossi nato conte, avrei fatto il commissario di polizia.

Tutti risero a questa grossa sentenza, mentre il barone correva nella vicina sala di lettura, dove stavano sopra una tavola tutti i giornali della sera e dei mattino. Ne fece passare molti con tremito nervoso nelle mani (per fortuna era solo) finché ne trovò uno che portava la grossa scritta:

ANCORA DI PRETE CIRILLO

«Siamo costretti - diceva il foglio - a tornare su questo argomento, perché le nostre informazioni segrete ci persuadono che la leggenda di prete Cirillo resterà famosa negli annali giudiziari.

«Sebbene per ora la giustizia sia d'una gelosa e quasi monacale riservatezza, si sa che per un buon reporter ogni uscio ha la sua chiave.

«Perciò siamo in grado di dare qualche primizia intanto che il processo è nelle mani di quel zelante e bravo giudice istruttore che è il cavaliere Martellini, lustro del foro napoletano, non che grande scacchista e adoratore del gentil sesso.

«Abbiamo già detto come sulle traccie del cappello del prete, scoperto nei dintorni di Santafusca e mandato a Napoli in una scatola, fosse stato interrogato il parroco di quella terra, e come dietro le deposizioni del reverendo, la giustizia avesse sguinzagliato i suoi cagnotti - la frase è d'obbligo - sulle traccie dei colpevoli.

«Le mani furono subito poste sopra un certo Giorgio, un oste che sta alla Falda, all'insegna del «Vesuvio», il quale (l'oste, non il Vesuvio) sarebbe stato trovato in possesso d'un cappello, ma viceversa poi non era il cappello di prete Cirillo... Anzi il cappello sarebbe stato consegnato, secondo le deposizioni dell'oste, a un misterioso cacciatore (qui comincia il fantastico) che in un certo giorno si sarebbe presentato a ritirare il falso cappello del prete a nome di don Antonio parroco di Santafusca.

«Che esista un cacciatore interessato in questa faccenda, oltre alla testimonianza dell'oste, c'è quella di alcuni contadini e di alcuni muratori. Ma nessuno sa dire chi sia il misterioso cacciatore, da dove sia uscito, dove sia andato a finire.

«Ma la giustizia che ha le gambe lunghe, mercé l'opera zelante del cavaliere Martellini, non dispera ed è già sulle traccie del cacciatore, che se fosse anche una lepre, non tarderà a cadere nella trappola.

«Il lato curioso del cappello è questo: che mentre prima si aveva un cappello, pare che adesso se ne abbiano due.

«Insomma un cappello di piú e un prete di meno!

«Inutile dire che il fatto interessa il buon popolo della partenopea città, e che le donnicciuole hanno giuocato il terno: *prete, cappello, cacciatore* (vedi «Cabala» e la «Sibilla Cumana») e può essere che, vivo o morto, l'ultimo dei negromanti faccia un altro salasso alla cassa dell'erario».

Il giornale era il vecchio *Omnibus,* e l'articolo firmato Cecere, che pareva per il momento uno scrittore spiritoso.

- Noi potremo combinare una scommessa collettiva sopra «Andreina», se ci sta anche Santafusca.

- A fare? - esclamò, trasalendo, il barone, vedendo entrare della gente: e cercò di nascondere il foglio tra gli altri giornali che erano sulla tavola.

- Si tratta di sostenere «Andreina» contro «Lazio», Napoli contro Roma, il Sebeto contro il Tevere, e tu sei troppo fortunato, Santa, per non arrischiare qualche migliaio di lire.

- A fare? - tornò a dimandare «u barone» che era rimasto colla mano sul foglio e cogli occhi smarriti nel vuoto.

- Usilli! - chiamò di Spiano nell'altra sala.

Il barone rimase col conte Ignazi, che avviò un discorso di cortesia.

- Voi dovreste venire una volta, barone, alla caccia della volpe nella campagna romana.

- Sí.

- Siete cacciatore, barone?

- Io?

- C'è molta passione di sport in queste provincie?

- Che!

- Noi romani molto. Sapete, «noblesse oblige».

- Lo credo.

Rientrò a tempo l'Usilli, che colla sua elettrica mobilità trasse l'uno e l'altro in una sala vicina, dove di Spiano stava persuadendo alcuni amici del club a scommettere per «Andreina».

Erano tutti infervorati nella discussione. Parlavano tutti insieme di «turf», di pista, di bel tempo, di «pesage», di razze, di cavalle, di belle donne, col fuoco che destano nei signori le questioni inconcludenti.

La maggior parte erano giovani, ambiziosi, avidi di gloria e di piaceri. Chi sedeva sulla tavola, chi sulla sponda del canapè, chi a cavalcioni delle sedie. V'erano anche degli ufficiali nelle splendide divise e un acuto profumo di sigarette rendeva l'aria ancor piú calda e mordente.

«U barone» seduto in mezzo e quasi dimenticato fra tanti giovani illustri, venuti da tutte le parti d'Italia a rappresentare il fasto della patria aristocrazia, ebbe un momento di raccoglimento e di riposo e poté abbandonarsi un minuto al suo pensiero.

Sentiva di avere ormai esaurite tutte le sue forze attive e che troppo disuguale era la lotta tra un vivo e un morto.

Il prete era piú forte di lui.

Ammazzato, sepolto, schiacciato da una grossa pietra e da un mucchio di mattoni e di sabbia, «u prevete» aveva cacciato fuori prima il suo cappello. Inutilmente egli aveva tentato di affogare anche il cappello in fondo al mare; «u prevete» aveva la mano lunga.

Per Dio! se non basta uccidere un uomo con due tremende mazzolate sulla nuca; se non basta tutto il mare Mediterraneo a coprire un segreto; se uccidere un uomo significa farlo vivere piú di prima; se nasconderlo in una cisterna vuol dire fare in modo che egli occupi di sé tutta una città, tutta la stampa, la magistratura, il telegrafo, le botteghe dei barbieri, i botteghini del lotto: se tutto ciò accade nel mondo, per Dio! è segno che la ragione non è ragione, il verosimile non è vero, ma tutto è vero, specialmente l'impossibile, anzi l'assurdo, il tutto è niente, e il niente è tutto...

Una grande risata accolse queste conclusioni filosofiche del barone di Santafusca: cioè, parve a lui che gli amici ridessero della sua minchioneria. Egli cominciava a odiare quei fastidiosi eleganti: e aveva torto.

L'Usilli raccontava degli aneddoti galanti con tanta felicità di spirito, che avrebbe fatto ridere le finestre. Irritato da questa grossa ilarità, Santa, con atto d'uomo offeso si alzò, uscí di sala e senza salutare nessuno abbandonò il circolo, scese a precipizio le scale e corse un tratto verso il palazzo di giustizia, colla intenzione di parlare al cavaliere Martellini, ch'egli conosceva benissimo, per essersi trovato piú volte con lui al club degli Scacchi, dove l'egregio magistrato faceva testo di lingua.

Strada facendo, gli parve che i monelli vendessero piú giornali del solito. Molti cocchieri delle vetture pubbliche avevano in mano un foglio e leggevano a parer suo la storia del prete e del cacciatore.

E mentre pensava anche lui a questo strano cacciatore, gli parve improvvisamente di ravvisarlo al di là d'una lucida vetrina di pasticciere. Si arrestò come se un abisso si fosse improvvisamente aperto innanzi ai suoi piedi; e stette un momento a guardare l'immagine sua con un occhio atterrito.

Per quanto egli avesse mutato di panni, la faccia del famoso cacciatore doveva essere rimasta impressa nella mente di Giorgio della Falda e degli altri contadini, specialmente l'occhio lucente e vivo e la barba intera di un nero di carbone. Se ne ricordava fin il conte Stagni! Se il cavaliere Martellini lo avesse messo di fronte all'accusato, era impossibile che questi non avesse a riconoscerlo. Se anche il barone avesse mentito fino allo spergiuro, era già troppo, al punto in cui si era arrivati, non che il sospetto, il suscitare l'ombra di un mezzo sospetto.

Come fare? Egli non poteva tór via l'occhio da quella figura di là oltre i vetri che si accompagnava con lui. Il caso o un segreto istinto lo condusse davanti alla bottega del Granella.

L'occasione favorí anche questa volta i progetti del nobile sportman. Il figurino della moda venuto d'Inghilterra portava quest'anno come il non plus ultra dell'eleganza in materia di corse e di sport, una giubba rossa, stretta alla vita, stivali alla scudiera, calzoni chiari, e barba tagliata alla «derby», con due brevi basette o spazzolette sulle guancie, rasato e pulito il resto della faccia.

Granella, che era sempre al corrente dell'ultima parola della scienza, non ebbe bisogno di consigli per rendere il barone di Santafusca il piú inglese dei napoletani.

- Anche il principe d'Ottaiano ha sacrificato per le corse di domani la sua bella barba alla «palmerston». È in queste cose che si conosce il vero sportman. Chi non sa sacrificare qualche cosa all'eleganza e alla moda non sa sacrificare nulla alla bellezza e all'amore. Voilà, monsieur»... se il barone di Santafusca riporterà domani piú d'un trionfo, il merito sarà un poco del suo «herdresser».

Il barone rise a sentir Granella parlare inglese. Contemplandosi nello specchio, si rallegrò in cuor suo di essere ringiovanito tanto. Il cacciatore era morto nelle mani del primo «herdresser» della città. Giorgio della Falda non avrebbe piú riconosciuto nell'elegante sportman il nipote del curato di Santafusca.

Ciò cominciò a tranquillare un poco il suo cuore, e volendo interrogare l'opinione pubblica, come l'altra volta, facendo cantare il Granella, domandò con fare di noncuranza, mentre si accomodava la cravatta innanzi allo specchio:

- Ebbene, e questo prete?

- Quale?

- Quel dei terno, l'hanno trovato?

- È una matassa imbrogliata e io credo che la signora giustizia questa volta batta una strada falsa.

- Perché?

- Perché mentre crede di aver nelle mani il colpevole,

lascia al colpevole tutto il tempo di mettersi al sicuro.

- Cioè...

- Non per vantarmi, eccellenza, ma siccome ho l'onore di servire anche il cavaliere Martellini che ha in mano l'istruttoria, cosí posso sapere qualche cosa che i giornali non sono in grado di sapere.

- Oh! oh! - esclamò «u barone» che ritto davanti allo specchio, disfaceva per la seconda volta il nodo della sua cravatta.

- Ne discorriamo qualche volta insieme, io e il cavaliere, che è un uomo fino, alla mano... che sa il conto suo, non nego: ma alle volte vede di piú una formica in cima a un palo che non un elefante.

- Ah! ah! ebbene? sentiamo...

- Il prete, non quel morto, il vivo avrebbe deposto: primo, che egli non ha mandato mai nessun cacciatore alla Falda a riscattar cappelli; secondo, che non ha parenti, e tanto meno nipoti che facciano il cacciatore; terzo, che il cappello mandato da lui a Filippino era nuovo, mentre il suo era vecchio e usato, e che per conseguenza il povero diavolo arrestato sotto l'accusa di aver ammazzato «u prevete» non avrebbe nemmeno toccato il suo cappello. E intanto, un po' per le lungaggini, un po' per le ciarle dei giornalisti, il cacciatore piglia il largo, e addio suonatori.

- Tu credi proprio che... il cacciatore sia il reo...

- Non ho piú un dubbio, come non dubito che vostra eccellenza sarà dimani il piú elegante cavaliere di Napoli. Ci son troppi testimoni che l'hanno veduto. Anche un cantoniere della ferrovia asserisce che è passato il giorno tale, ora tale, che ha preso il treno di Napoli, che aveva un carniere al collo, e si sa d'altra parte che nel carniere c'era il cappello del prete... Dunque costui aveva tutto l'interesse a far scomparire il cappello del prete, che un caso, cioè la vincita del famoso terno, aveva reso a un tratto celebre in tutto il mondo. Il diavolo aiuta, sí, ma fino a un certo punto i suoi figliuoli...

- Basta, staremo a vedere - disse «u barone» che cominciava a soffrire di quelle ciarle. - Prevedo che sarò seccato anch'io per conto di Santafusca. Non vorrei che fossi chiamato dimani.

- Non conosce per caso il cavaliere Martellini?

- Molto bene. Ci troviamo qualche volta al club degli Scacchi.

- Potrebbe scrivergli un biglietto.

- Tu mi suggerisci una buona idea: sei degno di fare l'avvocato.

- Sento che sarei riuscito. Vuol fuoco?

Granella offrí un fiammifero e lo tenne alto finché il barone ebbe acceso il sigaro. Poi corse a ritirare la tenda, e facendo schioccare una salvietta come un frustino, esclamò nel suo inglese di Napoli:

- «Got bai».

- Una buona idea veramente! - tornò a dire tra sé il barone che ripassando davanti alle botteghe, si consolava di non rivedere più il cacciatore di prima.

La speranza tornava a rinascere per la terza volta e le sensazioni paurose tornavano a cedere il posto alle riflessioni chiare e positive. Anche questa volta si era impaurito per un'ombra.

Se il vero colpevole era il cacciatore, che cosa doveva temere ora il barone di Santafusca? L'opinione di Granella era l'opinione universale, e quella forse del signor giudice istruttore. I testimoni concordavano nell'aggravare la responsabilità di questo povero cacciatore, che oggi non aveva proprio nulla a che fare col piú elegante cavaliere di Napoli.

Tratto dall'evidenza di queste ragioni, e in certi momenti credendo forse egli stesso al mitico cacciatore piú che non fosse necessario, entrò in un caffè, e sopra un suo biglietto di visita - con tanto di corona - scrisse al cavaliere Martellini queste righe:

«Caro e amabile cavaliere,

«Leggo ora che nel processo del cappello è implicata Santafusca. Il segretario comunale mi ha scritto che fu violata la santità del mio domicilio. Preparo forti proteste, ma perdonerò facilmente al cavaliere Martellini, se non mi citerà tra i testimoni il giorno delle corse. Se poi mi risparmia del tutto l'incomodo, piglierò volentieri il treno di Parigi. Però sempre pronto all'obbedienza - come don Abbondio».

Il cavaliere Martellini, che conosceva ciò che si chiama il vivere del mondo e che nelle buone grazie dei signori nuotava come una tinca in un'acqua chiara, si affrettò a rispondere come segue:

«Eccellenza,
«Se fu violato il santo, faremo sacrificii di propiziazione. In quanto al sentir V. S. Illustrissima, spero che non sarà necessario, perché il processo manca di fondamento e si finirà con un non farsi luogo. Ad ogni modo, ho troppo desiderio di assistere anch'io alle corse per fare a me stesso il tiro di seder *pro tribunali* e di citar lei, mentre *Andreina* batterà di due teste quel povero Lazio. Ogni buon napoletano deve credere oggi in *Andreina...* - *For ever!*».

- Bene, bene! - disse il barone, che non si curò nemmeno di leggere i giornali della sera.

Infine si meravigliò egli stesso di sentirsi cosí sicuro e sollevato.

Un gran peso cadeva dalla sua coscienza sulla coscienza di un altro lui, uscito da lui, ombra pietosa che s'intrometteva tra la vittima e il suo assassino. In questo buon cacciatore bisognava credere quasi per riconoscenza.

E a volte ci credeva proprio sinceramente, come se la sua personalità si sdoppiasse, come il fanciulletto crede all'esistenza reale dell'ombra che giuoca con lui. Era tratto a parlarne volentieri, nella speranza che, parlandone, fosse un mezzo di dare all'ombra una maggiore e reale consistenza.

Cosí credeva di aiutare l'opinione pubblica ad allontanarsi dal vero e a concentrare sopra un essere impalpabile tutta la responsabilità della nefanda azione.

Questa fu la sua grande preoccupazione per tutto il giorno che precedette le corse.

Dovunque si trovasse, o al club o al caffè, o sul «turf», dovunque insomma si poteva tirare il discorso sul processo del giorno, egli esponeva le sue idee con un calore e una chiarezza singolare, con una insistenza quasi noiosa, finché l'Usilli gli disse una volta:

- O senti, mi hai quasi rotta la testa con questo cappello!

Essendo associato con Usilli, di Spiano e molti altri cavalieri una partita comune, in cui molte scommesse erano in giuoco, dovette correre tutta la sera e tutta la mattina, ora a cavallo, ora in carrozza, ora dal sarto che non aveva ancora pronta la giubba rossa, ora alla cavallerizza, ora presso alcune signore della aristocrazia, per gli opportuni accordi.

In tutto questo lieto affaccendamento egli ritrovava l'animo, il brio, la grazia, l'eleganza dei suoi trent'anni. Il cavaliere Martellini non avrebbe mai immaginato il bene che aveva fatto a un'anima dei purgatorio. Fin la principessa di Palàndes, che non lo vedeva da un pezzo, trovò Santafusca ringiovanito di dieci anni.

Era ancora una bellissima donna questa famosa principessa, in cui si fondevano due vecchie schiatte italo-spagnuole. Rimasta vedova ancor giovane, non andava ancora oltre i trent'anni, e la sua bellezza rifioriva di tutto il pieno sviluppo della seconda età, che nelle vaghe donne è di solito una edizione riveduta, aumentata e migliorata. La principessa si lasciava far la corte volentieri (non aveva altro da fare) e con lei trionfava facilmente l'impresa dell'«*audaces fortuna juvat*». Il barone - l'abbiam visto - non mancava d'iniziativa, e seppe tanto bene presentarsi e ne disse in pochi minuti di cosí curiose, che la principessa lo volle per suo cavaliere.

- Verrò a prendervi colla carrozza, principessa.

- E perché non a cavallo?

- Se vi piace, andiamo pure a cavallo, facendo suonare gli speroni.

- Voi sarete il mio cavalier terribile.

- Perché terribile, principessa?

- Cosí, perché avete una faccia da brigante che mi piace.

Poi la principessa, ridendo, con tutta la sua bella voce, soggiunse: - È vero che un vostro antenato morí appiccato?

- Brigante sí, principessa, appiccato no. I Santafusca non si lasciano appiccare. A dimani.

- Venite presto.

Il barone partí quasi innamorato della bella vedova, e questo pensiero nuovo e ridente s'intrecciò come un filo d'oro alla trama lacera ed oscura della sua povera vita.

Il giorno dopo, sul mezzodí, nel suo magnifico costume di panno rosso, con una lunga penna di gallo silvestre in un berretto di velluto, «u barone», a fianco della bellissima amazzone, usciva a cavallo verso il campo delle corse.

V

ALLE CORSE

LA GIORNATA non avrebbe potuto essere piú splendida. Grande fu il concorso delle carrozze, dei «foor-in-hand», dei «tilbury», dei «coupés», dei «breaks», delle belle signore, e forte il numero delle scommesse.

I «bookmakers» fecero splendidi affari, e piú di duecentomila lire girarono in poche ore sul campo del «turf».

«Andreina» battè d'una lunghezza «Lazio», il grande favorito del futuro «derby», e diede la vittoria alle scuderie napoletane, di cui era presidente il marchese di Spiano.

Indescrivibile fu l'entusiasmo in tutti quei bravi signori, e gli applausi, le carezze, i baci accolsero la bella cavalla, a cui le signore gettarono i loro mazzetti di fiori.

Il popolo accorso, se non si commosse per un trionfo che lo riguardava poco, non tralasciò tuttavia dal gridare; e i rivenditori di acque cedrate e fresche, di aranci, di cocomeri e di ventagli giapponesi fecero anch'essi dei grassi affari.

Quando cominciò il ritorno, nessuna penna potrebbe dare un'idea del movimento, del brio, del bisbiglio, del visibilio dei colori, del correre, del gridare, dell'allegria sfolgorante in quell'aria piena di sole e di azzurro.

Era un chiamarsi, un salutarsi dall'alto delle carrozze, un rincorrersi di cavalli e di pedoni, una miscela di livree, di piume, di giubbe rosse e bigie, di ventagli, di parasoli scarlatti, di strascichi, di veli svolazzanti; uno scintillamento insomma di brillanti e di occhi di fate.

«U barone», rinnovato e trasformato, aveva fatto una corte spietata alla principessa, che intendeva giocare di capriccio e mirava, coll'accettare l'adorazione di Santafusca, a vendicarsi di un segreto tradimento.

Santafusca prese i sorrisi della bella donna nel miglior senso. Era sempre stato il suo sistema di non cercare mai alle donne piú di quanto vogliono dare: e in fondo s'era sempre trovato contentissimo.

L'aria, la luce, il calore delle scommesse, le ansie delle corse, tanta gente, tante belle signore richiamarono tutte le forze vive dell'uomo nato per godere la vita in tutta la sua ampiezza, senza reticenze e senza penitenze.

- Eccellenza, eccellenza... vede che non l'abbiamo disturbata.

Cosí gridò la voce del cavaliere Martellini, che dall'alto di un «break» signorile cercava di conciliare in mezzo a un paniere di belle signore la rigida severità del giudice, coll'amabile cortesia dell'uomo di mondo. Questo si chiama scrivere la propria vita un po' coll'inchiostro, un po' col rosolio; e pochi uomini erano in quest'arte più sapienti del cavaliere.

- Grazie, grazie!... - gli gridò dietro il barone agitando la mano in aria.

- Non mi ringrazi troppo, perché sono capace di farlo arrestare... colla bella complice - esclamò il cavaliere parlando nelle mani come dentro una trombetta.

- Faccia pure; non mi opporrò alla forca...

Grandi risa risuonarono sull'alto del «break», che scomparve in mezzo a un nuvolone di polvere.

- Perché vuole arrestarvi, barone? - chiese la bella amazzone che cavalcava al suo fianco.

- È ancora la storia di quel processo.

- È proprio vero che fu assassinato un prete a Santafusca? Me ne parlava ieri sera il conte Villi. Che brutta storia! fu trovato l'assassino?

- Ci sono dei sospetti... - rispose il barone guardando in aria.

- Qui non è il caso di dire «cherchez la femme»

- No, piuttosto «cherchez le chasseur».

- Siete proprio persuaso che il colpevole sia questo mitico «Freischutz»?

- Sí, come sono persuaso che vi amo.

- Ci avete pensato tre giorni per dirmelo.

- È un amore con aggravante di premeditazione...

La bella principessa italo-spagnuola sorrise adorabilmente. «U barone» fe' sentire gli sproni al cavallo, e tutti e due, che erano usciti alquanto dalla folla, si slanciarono a un trotto vivo, spronandosi a vicenda cogli sguardi.

Un vivo e gagliardo fiotto di sangue nuovo rianimò un uomo che stava per invecchiare nel suoi pensieri. Il sole, un buon cavallo e l'amore sono tali beni, che la vita non può godere di piú.

La vita dell'uomo libero, padrone della sua salute e del suo denaro, e il paradiso terrestre perduto dal vecchio Adamo. Che importa, a chi possiede Eva e il paradiso terrestre, ogni altro paradiso fabbricato sulle nuvole? «U barone» lasciava volentieri questo paradiso sopra le tegole ai poveri di spirito.

Una chiara e vigorosa coscienza della sua forza lo fece pronto a sostenere l'ultima battaglia. Accompagnò a casa la stupenda amazzone, che nel dirgli «a rivederci» gli lasciò nel palmo della mano una grande promessa, e raggiunse di Spiano e l'Usilli alle scuderie.

- Dunque una grande vittoria, Santa... - gridarono gli amici.

- Se saranno denari, li piglieremo - rispose il barone.

La fortuna seguitava ad aiutarlo. Tra scommesse grosse e piccole aveva vinto ancora venti o trentamila lire. Quest'abbondanza di denaro non faceva ormai piú effetto ad un uomo che per quindicimila lire aveva dovuto ammazzare un prete. Sottentrava quasi in lui la convinzione che non gli poteva mancar piú, che ne avrebbe trovato, dappertutto, solamente a grattare la terra. Vinceva e spendeva senza contare, come se il tesoro rinchiuso nella sua scrivania avesse la virtú di rinnovare sé stesso e di moltiplicarsi.

Uscendo dalle scuderie cadde nelle braccia di Cecere, il grosso cronista-impressionista dell'*Omnibus*, un giornale che conta ormai piú di cinquant'anni, e che Cecere col suo stile a scatti, ad asterischi, a virgolette, aveva da qualche tempo ringiovanito.

- Barone - gridò Cecere, - voi venite proprio, se non è

irriverenza, come il cacio sui maccheroni.

- O bravo Cecere, volevo scrivervi uno di questi giorni - disse il barone.

- E io volevo venire da voi, eccellenza. Non si stampa due volte il nome di un uomo senza sentirsi un poco suo parente. È la consanguineità dell'inchiostro...

Cecere, dalla faccia molle di fratacchione sbarbato, rise, mostrando due file di denti grossi e bianchi come quelli di un ruminante.

- E chi ci vieta di pranzare insieme?

- Qual dei Numi? - declamò Cecere, che si impadroní molto volentieri del braccio d'un uomo che aveva vinto alle corse. - Ho bisogno di molte indicazioni sulla gran giornata d'oggi, ed è sempre una fortuna per un giornalista quando può dire di aver attinto a una fonte «ineccepibile.» Ma ciò che m'importa di piú, barone, è di ottenere da voi il permesso di visitare Santafusca.

- Oibò! - disse senza pensare «u barone».

- A tanto intercessor nulla si niega!... Io devo insistere su questa mia istanza, perché il mio direttore si è già meravigliato due volte che io non sia ancora andato sul luogo del misfatto. Se egli si meraviglia una terza volta, non gli resterà piú modo di meravigliarsi... e allora come si fa?

- E chi vi dice, signori miei, che vi sia stato un misfatto? - esclamò il barone mentre entrava con Cecere nella sala del caffè dell'Europa.

- Regola generale, per un giornalista, un misfatto esiste sempre, e specialmente quando si accorge che non esiste. Questo processo del prete ha troppo interessato i nostri buoni lettori perché si possa ora disgustarli con un non farsi luogo a procedere. Noi abbiamo bisogno di galvanizzare il nostro morto, di farlo vivere oggi per ammazzarlo dimani, seppellirlo dopo, esumando piú tardi, e ciò almeno fino alle prossime elezioni politiche, cioè fino a nuovi assassini politici. E perché non faremo tutto ciò con un morto, se lo facciamo sempre coi vivi?

Cecere tornò a ridere e a mostrare i suoi bellissimi denti di bue, mentre si ravvolgeva nel tovagliolo e cominciava la pulitura dei piatti e delle posate che il cameriere gli metteva davanti.

- Se sapeste quante volte vi ho mandato al diavolo per

questo vostro processo!

- Chi manda al diavolo un giornalista, lo manda a casa di suo nonno. Il divino poeta ha detto che il diavolo è il padre della menzogna, e noi siamo i figli della figlia... capite.

- Ebbene, sentiamo, - esclamò il barone che si sentiva in vena di parlare - quali sono le indicazioni che vi abbisognano?

- Posso dire almeno d'avervi intervistato?

- Non sono il principe di Bismarck.

- Per un cronista oggi voi siete qualche cosa di più, e voi non potete indovinare il piacere che io farò ai miei lettori quando potrò scrivere, per esempio, queste parole: «Abbiamo ieri parlato con sua eccellenza il barone di Santafusca, uno dei più simpatici giovani gentiluomini».

- Giovane, ahimè!...

- E non si è giovani quando si ha la fortuna di accompagnare la bella principessa di Palàndes?

- E stamperete anche questo?

- Adesso no.

- Siete animali.

- Non per nulla un uomo si fa tagliare la barba alla «derby» e si fa morbido il mento.

- Che cosa volete dire? - chiese il barone con voce velata.

- Che voi siete giovane, innamorato e fortunato. Lasciate fare. Non mancherò di far nota questa circostanza alle nostre gentili lettrici. Io non vi darò che trent'anni. Dunque riassumendo, - come dice il professor Spaventa - voi avete una villa a Santafusca.

- Sí.

- Stile?

- Seicento, mezzo barocco...

- Bene quel mezzo barocco; lo sfondo è più scenografico. Villa splendida, s'intende...

- Al contrario, rovinata... cadente.

- Stupendo: ciò è romantico... e farà bell'effetto. E il cappello fu trovato nella villa?

- Io non so nulla... Siete voi che lo avete detto.

- Ciò risulta dal processo. Quale opinione avete voi su questo delitto del prete?

- Cioè? - chiese il barone, versando del vino.

- Credete che il prete sia stato ucciso nella villa?

- Io? - e il barone portò il bicchiere alle labbra e lo vuotò. -
Che ne posso sapere io? Siete voi che avete ucciso questo prete.
(E intanto faceva di tutto per ridere). Io ho dato un'occhiata alle
vostre ciarle, quando mi hanno detto che era implicato il mio
nome, e mi pare di aver capito che c'è di mezzo un cacciatore, che
avrebbe trovato il cappello del prete, che sarebbe stato veduto
prima a Santafusca, poi alla Falda, all'osteria del «Vesuvio»;
avrebbe dato ad intendere d'essere il nipote del prete.... un
pasticcio che il peggio non mangeremo quest'oggi, se vi
piacciono...

- Ad ogni modo, se voi foste chiamato in tribunale a dire la
vostra opinione, trovereste probabile questa versione che accusa il
misterioso cacciatore...

- Se c'è un delitto...

- Se c'è la lepre, ci dev'essere anche il cacciatore, voi dite.

Il barone si sforzò ancora di ridere, ma non poté che
tossire. Versò ancora del vino. Lo tracannò in fretta, e volendo
ribadire una opinione, che nel peggior dei casi avrebbe aiutato a
salvarlo, continuò:

- Non dico che il cacciatore abbia ucciso il prete piuttosto
a Santafusca che altrove. Può essere che siano molti i colpevoli,
che l'abbiano affogato in mare dopo avergli rubati i denari, e che
uno di loro, cacciatore o meno, abbia gettato il famoso cappello al
di sopra del muro di cinta del mio giardino, cinque, sei, dieci
miglia lontano dal luogo del delitto per deviare le traccie della
giustizia.

- Può essere cosí... È alto il muro di cinta?

Il barone non rispose. I suoi occhi erano fissi alla porta, da
dove vedevasi il banco dell'albergatore.

- È alto?

- Che cosa?, - chiese il barone sempre fisso a quella porta.

Cecere si voltò e vide che due carabinieri stavano
mostrando un foglio al padrone, chiedendogli delle spiegazioni.

Il dialogo fu interrotto dal cameriere.

- Che cosa desiderano ancora?

- È sua eccellenza che comanda in questi feudi... - disse

Cecere.

- Per me non so... dite voi... Mi sento la testa pesante e balorda. C'era troppo sole laggiú.

Il barone si fregò la testa colla mano come se volesse cancellare le rughe della fronte.

- Poiché abbiamo parlato di cacciatori, proviamo un pollo alla cacciatora - disse Cecere.

I due carabinieri scomparvero e il padrone tornò al suo posto.

Cecere, tutto occupato a consumare il pranzo in salsa gratis, credette sinceramente che il barone avesse preso troppo sole, e gli disse:

- Un buon rimedio è un sonnellino... Del resto, eccellenza, ci perdete poco a non aver appetito. Avete mai visto un pollo piú apocalittico di questo? Mi pare di aver sul piatto lo scheletro dei nostro prete... Questi signori si burlano della stampa e dello sport, bisognerà ch'io dica anche questo nell'*Omnibus*.

Cecere scrisse su un taccuino alcune parole: cappello... cacciatore... muro alto... prete e pollo magro - e dopo un gran fiume di parole, che «u barone» non ascoltò colla scusa del suo mal di testa, se ne andò contento della sua giornata.

Il barone rimase solo, colla testa appoggiata alla mano e gli occhi in apparenza fissi sulla carcassa che Cecere aveva lasciata sul piatto. Si sentiva veramente male. Quegli stupidi discorsi, l'allegria fatua e volgare di Cecere, la vista di quei due gendarmi, che parevano venuti per cercare qualcuno, avevano rimosso il sangue guasto delle sue vene, ed egli ripiombava ora piú gravemente nella dolorosa contemplazione del suo pensiero.

Da venti giorni menava una vita ladra, disperata, piena di scosse e di spaventi, di speranze, di sforzi erculei per sorreggere l'edificio artificiale ch'egli aveva edificato sul suo delitto.

Aveva perdute molte notti al giuoco, nell'orgia, e per molte giornate aveva cercato la forza e l'oblio al chiasso, alle stalle, ai cavalli, ai liquori, al vecchio Medoc. Oggi, dopo una giornata di gran sole, si sentiva veramente la testa riarsa e incapace di connettere due buone idee. Era una condizione pericolosa per un uomo che aveva bisogno di ragionar molto bene e di far ragionar gli altri a suo modo. Anche il cuore, quel benedetto cuore già malato, si faceva sentire piú del solito...

E intanto non aveva nemmeno fame. Se beveva, lo faceva piú stordirsi che per piacere. Egli non aveva dato ancora quella tale scossa forte alla vita che doveva far cadere tutte le foglie morte, e sentiva che non sarebbe mai uscito dai suoi pensieri, finché non fosse terminato quel maledetto processo.

Per fortuna le testimonianze erano tutte concordi per dimostrare l'innocenza di Giorgio della Falda. Ma se per un errore giudiziario il castigo fosse caduto sopra un innocente, avrebbe avuto egli il coraggio di aggiungere questo delitto al primo?

Per quanto un uomo valga una lucertola, gli sarebbe ripugnato di far soffrire un uomo vivo. Si può non aver paura degli spettri, ma ci sono pensieri che fanno piú paura degli spettri.

Pensare, ecco il castigo!

Egli aveva sperato troppo in una scienza: ed era la scienza che aiutava a raffinare la sua coscienza.

Quel caro dottor Panterre forse era uno stupido anche lui. Solo le belve divorano senza rimorso; e pace egli non avrebbe trovata mai, mai, lo sentiva, se non a patto di abbrutirsi a poco a poco nell'orgia e nel fango.

La bella principessa gli aveva detto «a rivederci»; ma egli non ci sarebbe andato. Quella graziosissima creatura, avvolta in una nube di profumi orientali, dagli occhi vellutati e pensosi, dalla voce piena di note musicali, non avrebbe fatto che ingentilirlo e farlo soffrire di piú. Era già troppo Marinella colla sua giovialità incosciente di bella bestiolina.

Il barone di Santafusca non avrebbe mai potuto conciliare il suo cuore pieno di spaventi colla sua ragione piena di principii... Ecco la terribile battaglia che disertava il piccolo campo della sua vita.

Questi pensieri passavano in un'ombra l'un dopo l'altro come una nera processione, mentre col capo appoggiato alla mano, gli occhi socchiusi, sentiva bollire il suo vecchio Medoc nella testa già cotta dal sole.

Era una brutta vita...

Perché non si ammazzava?

Questa era una dimanda che non si era mai fatto. Se un

uomo val l'altro, perché non aveva fin da principio accoppato sé in luogo del prete? O che forse egli aveva paura del retroscena?

- Oh! i grandi imbecilli che siamo - mormorò a mezza voce, e si mosse per uscire.

Il giorno dopo *l'Omnibus* portava il brillantissimo articolo di Cecere intitolato: «Tre giorni a Santafusca».

Il cronista descriveva il suo viaggio attraverso a un paese incantato, popolato di case e d'uliveti. Poi seguiva la descrizione d'una villa stile barocco e un cenno storico sulla famiglia dei Santafusca, che Cecere aveva copiato dalle «Famiglie notabili».

«Sua eccellenza il barone Coriolano ci venne incontro colla sua solita amabilità (cosí continuava il favolista) e ci strinse cordialmente la mano. Bell'uomo il barone e ha per i giornalisti una speciale simpatia. Aggiungiamo ch'egli è uno dei piú eleganti e arditi nostri gentiluomini, e se le belle gli danno piú di trent'anni, ciò non vuol dire che ne abbia quaranta.

«Sua eccellenza (che tra parentesi è molto seccato del chiasso che si fa intorno al suo nome) mi ha fatto vedere il luogo dove, secondo quel che dice la gente, sarebbe stato trovato il famoso cappello. Anch'egli è della nostra opinione che il prete possa essere stato ucciso altrove, e che, per deviare le traccie della giustizia, il cacciatore abbia gettato il cappello al di sopra del muro di cinta. Abbiamo voluto misurare il muro: è alto due metri e quarantasette».

E dopo molte altre particolarità di questo valore, che Cecere aveva pescato nel calamaio, l'articolo finiva col motto:

«Cherchez le chasseur».

Due giorni dopo questi fatti, un bigliettino graziosissimo del cavaliere Martellini pregava sua eccellenza il barone di Santafusca a un colloquio particolare nel suo gabinetto... ma senza la principessa.

«Mi dispiace - soggiungeva - darle tanto disturbo per una faccenda che andrà a finire in nulla: e può essere che prete Cirillo, uscendo a un tratto dal suo nascondiglio, risparmi a V. S. ILL. anche questa seccatura.

«Ma intanto, per esaurire la pratica, come diciamo noi,

bisogna che senta anche il padrone di casa. Non pensi di presentarsi al giudice, ma all'amico. Resteremo in famiglia: anzi sarà un'occasione buona per andare poi a colazione insieme. Sento parlare di certe ostriche alla mayonnaise, specialità della «Colomba d'oro» che sono una squisitezza.

«La seduta è alle 10».

«U barone» lesse, rilesse, ascoltò quello che gli diceva il cuore. Gli parve di essere tranquillo abbastanza. Il tono con cui gli scriveva l'amabile cavaliere era tale da togliere qualunque sospetto.

Aveva ancora una notte avanti a sé per riassumere con tutta per tutta comodità le risultanze del processo, i fatti dell'istruttoria, e studiare a memoria la parte che doveva rappresentare in questo dramma.

Non era difficile formulare la sua posizione:

Egli non sapeva nulla: egli non aveva veduto mai prete Cirillo. Egli sapeva soltanto che alla villa era stato trovato un cappello... e poiché si parlava di un cacciatore, supponeva anche lui che, se c'era stato un delitto questo cacciatore... irreperibile... poteva averci avuta la sua parte. Del resto non sapeva nulla. Questa parola nulla era tutta la sua forza.

Dopo aver ripetuto tre o quattro volte queste idee fondamentali come un ragazzo che non vuol far cattiva figura innanzi agli esaminatori, cercò di non pensarci più; tuttavia non poté chiudere occhio quasi tutta la notte.

Verso la mattina soltanto, colle ossa rotte dalla veglia, si addormentò e fece dei sogni incongruenti, sotto i quali, come un carbone acceso posto sul cuore, ardeva sempre il suo dolore latente, insistente, cruccioso. In sogno vide una volta anche un suo fratellino, morto di soli dieci mesi, ch'egli aveva portato in braccio da ragazzo e gli parve ancora di correre col bimbo in ispalla in un campo fitto di papaveri semplici.

Oh se egli avesse potuto togliere dodici ore dalla sua vita!

Avrebbe date dodici oncie del suo sangue per quelle maledette dodici ore! Per quanto la fatalità gli gridasse: Non aver paura! son io che ti aiuto..., temeva che vi fosse qualche cosa di più forte ancora della fatalità, per cui era inutile ogni difesa. Quel maledetto prete si muoveva ancora nella sua cisterna.

- Quanta vita hanno indosso i morti... disse una volta seduto sul suo letto cogli occhi fissi nel buio.

Il tempo che gli era sembrato sempre troppo breve, passava ora a goccia a goccia. Guardando indietro, gli pareva di aver vissuto cinquant'anni dal giorno che prete Cirillo era venuto a trovarlo alla villa. E non era passato un mese.

VI

UN ALTRO GRANDE COLPEVOLE

Non era nemmeno quieto e sollevato il cuore del povero don Antonio, il giorno che ritornò a Santafusca in compagnia di Martino dopo un triste viaggio a Napoli e una triste giornata passata nei corridoi del palazzo di giustizia.

Era stato chiamato all'udienza con un ordine scritto e ricapitato dal maresciallo dei carabinieri, ed era disceso, collo spavento in cuore, alla presenza del giudice istruttore, che lo tormentò un'ora colle più insistenti inquisizioni.

E pazienza l'inquisizione! pazienza ancora la vista di tanti sbirri, di tanti carcerieri che passavano facendo tintinnare il mazzo delle chiavi; e la vista di tante porte di ferro, di tante sbarre che chiudevano dei ciechi sotterranei! Pazienza tutto, ma quale scoperta di intrighi, di bugie, di tradimenti, di assassini... Ed egli aveva portato sul capo, per un senso d'avarizia, il corpo del delitto; egli aveva posto sulla sacra tonsura il segno esecrando del delitto...!

Questo pensiero bastava a farlo rabbrividire sotto lo stesso raggio di un bel sole di maggio che scaldava i poggi e ardeva le messi.

Martino, che camminava innanzi per la strada sassosa, tratto tratto si fermava ad aspettare il suo piovano, che a stento buttava innanzi le gambe, come se le avesse veramente incatenate.

Eran quarant'anni e piú ch'egli benediceva quei campi il giorno delle sante rogazioni.

Quasi tutta la popolazione era passata nelle sue mani, e il

cimitero era pieno di gente che egli aveva inviata sulla strada del cielo.

In mezzo alla sua semplicità e povertà il vecchio pastore aveva compiuto il suo lungo viaggio serenamente, padre amoroso de' suoi figli, amico dei derelitti, sostegno dei deboli, coll'animo puro da ogni cattiva azione, immacolato, lindo da ogni sozzura.

Perché Dio aveva permesso che presso al tramonto la sua piccola terra fosse funestata da un orribile sacrilegio, e la sua casa insozzata dalla lordura di un delitto? Egli che aveva sempre tenute le mani monde da ogni peccato, aveva colle mani consacrate al mistero divino toccato il pegno del sangue, e si era rallegrato di possederlo, e aveva dormito all'ombra funesta d'un nero spettro, che ancora gridava giustizia e vendetta.

Per quanto poco chiare fossero finora le risultanze del processo, tutto faceva pensare che veramente si passeggiava sulle orme sanguigne di un delitto. Le testimonianze di Filippino, di don Ciccio, di Gennariello, di Giorgio, dei contadini della Falda concordavano a provare che un ignoto, vestito da cacciatore, aveva avuto mano in questa misteriosa impresa.

Dopo tre o quattro giorni di rumore, prete Cirillo avrebbe dovuto farsi vivo, se era vivo. In una barchetta da pescatore, presso alcuni scogli, era stata trovata la sacca di un cacciatore, che Giorgio riconobbe subito per quella in cui aveva posto il cappello del prete. Ma le traccie finivano qui e anche il cavaliere Martellini era imbarazzato a procedere, mancandogli da ogni parte il terreno.

D'altro lato molti credevano che prete Cirillo fosse andato in Levante.

- Fatevi coraggio, don Antonio, che se anche il prete è morto, non lo abbiamo ammazzato noi.

Cosí diceva Martino, sentendo che il suo padrone mandava dei sospiri grossi.

- Io son persuaso che è tutta una lanterna magica, e che i giudici e i carabinieri hanno pigliato un granchio per un prete. Un cappello non è un morto, e se un colpo di vento portasse al diavolo il mio, ciò non vuol dire che io sia morto.

- Fosse almeno quello che voi dite, Martino. Ma se sapeste quale orribile sospetto mi è nato da poche ore nell'animo, pensando a tutte queste strane combinazioni!...

- Che volete dire ora?

- Guardate là...

- Dove?

Don Antonio segnò col dito la villa dei Santafusca, che dormiva nel suo chiuso raccoglimento nell'ombra d'una vasta nube.

- Ebbene, che pensate?

- Penso... nulla; andiamo a casa. Ho la febbre, ho bisogno di mettermi a letto.

- Non crederete che il prete l'abbia ucciso Salvatore.

- Oh povero scemo! non aveva la forza di uccidere una mosca! Pace a lui, e viva lui che è morto. Salvatore non ha fatto che raccogliere il cappello dove l'ha trovato, e l'ha portato in casa coll'intenzione di parlarmene: ma non poté piú aprir la bocca da quel giorno.

- Qual giorno?

- Io non lo so, non so, non fatemi piú parlare.

E i due afflitti seguitarono ancora un pezzo di strada in silenzio. Poi tutto a un tratto don Antonio, che non poteva fuggire alle sue meditazioni, usciva fuori con questa domanda:

- Vi ricordate il giorno che abbiamo lavata la faccia ai santi dell'altare?

- Mi ricordo.

- Quando fu?

- Aspettate, prima della domenica *in Albis*, e precisamente il giorno che ho trovato le candele rosicchiate dai topi. Non la vigilia, non il venerdí. Ecco, precisamente il giorno quattro di aprile, il primo giorno che ho suonato a festa.

- Precisamente - disse il piovano aggrottando le ciglia.

E non disse piú nulla.

Ma egli pensava che, mentre era davanti alla canonica, era passato Salvatore con una lettera in mano e aveva detto:

- È arrivato «u barone»!

Il bambino di Menichella del Torchio diceva di aver veduto un prete avviarsi alla villa per il viale degli ulivi. Nessuno aveva veduto né prima né dopo il barone, e nessuno pensò a lui, se non il giorno che tornò con molta spavalderia a cavallo. Il barone era un'anima perduta, bisognoso, un miscredente, un materialista, e molte leggende di paura uscivano da Santafusca.

Con questo sospetto fitto in cuore don Antonio entrò in casa e si fece condurre nella sua stanza, dove si chiuse a piangere, a pregare, a sospirare.

Verso il tramonto lo colse una febbre di fuoco e fu posto in letto, mentre egli andava ripetendo nei vaneggiamenti le piú strane cose del mondo.

Martino e qualche buon contadino rimasero a custodia dell'infermo; e intanto qualcuno andò in cerca del medico e delle medicine.

VII

NON SI FA LUOGO A PROCEDERE

L'egregio cavaliere Martellini era veramente imbarazzato a trovare il bandolo del suo processo. Dopo che le varie testimonianze e la contraddizione stessa dei fatti avevano dimostrata l'innocenza di Giorgio della Falda e la esistenza di un secondo cappello, che veniva in certa qual guisa ad escludere il primo, non rimaneva che un'ombra irreperibile, quella del famoso cacciatore, che molti avevano veduto, è vero, ma che era sfumato in aria come uno spirito.

Il bravo e solerte funzionario si trovava dunque in mano un processo ipotetico, con un morto non constatato, e un assassino «volatilizzato».

Un giorno disse ridendo anche a don Ciccio:

- Caro don Ciccio, io lodo il vostro zelo, ma auguro che le vostre specifiche e i denari dei vostri clienti sieno meno ideali dei vostri processi. Io tenterò ancora qualche ricerca, ma non posso tenere in prigione un poveraccio colpevole d'aver dato da bere a un cacciatore.

- Ma questo cacciatore esiste.

- Se esiste, ditemi dove si trova, di grazia.

- E prete Cirillo che non si è fatto piú vivo.

- Non basta, bisogna dimostrare ch'egli è morto.

- E il cappello trovato nei dintorni di Santafusca con delle ammaccature, con traccie di calce e di mattoni?

- Cose da nulla. Il cappello fu trovato dal vecchio Salvatore, portato in casa, preso da don Antonio, mandato al cappellaio... Voi vedete che pochi ragionamenti di avvocati vanno tanto diritti come questo cappello.

- Quale interesse aveva il cacciatore a presentarsi a nome di don Antonio?...

- E dalli col cacciatore... Questa è l'araba fenice:

Che ci sia ciascun lo dice,
Dove sia nessun lo sa.

Io direi di cercare prima il morto, se è morto: e poi cercheremo il vivo, se è necessario. Per un eccesso di zelo sentirò domattina sua eccellenza il barone di Santafusca, col quale ho già parlato alle corse, e che mi ha promesso qualche schiarimento di luogo, e qualche notizia intorno a Salvatore suo castaldo. Ma è proprio per andare fino in fine. E quest'oggi lascerò in libertà l'imputato e i testimoni.

A don Ciccio non parea vero che tutto il gran processo così stupendamente architettato dalla sua istruttoria in casa di Filippino, dovesse finire come una bolla di sapone.

Secondo lui le cose erano state condotte pessimamente, col solito sistema bislacco delle procedure nostre, con troppo intervento di giornalisti, con troppo pettegolezzo, dando tempo al vero colpevole (ed egli sentiva che c'era un colpevole) di mettersi in salvo e di deludere le ricerche della polizia.

Fu nella direzione dei *Popolo Cattolico* che egli sfogò la sua bile:

- Sempre la solita insipienza! e non vedono che se il delitto era probabile con un cappello in mano, è doppiamente probabile ora che se ne hanno due. E quella sacca di cuoio non grida vendetta al cielo? e non abbiamo due contadini, tre muratori, un casellante, un oste che dicono d'aver veduto un cacciatore il giorno tale, l'ora tale? ebbene no, questi non sono segnali eloquenti, e, perché si tratta di un povero prete, non si pensa nemmeno che valga la pena di vedere se è vivo o morto... Ma se Dio mi dà vita e lena, scriverò io un opuscolo sulle

«Magagne della nostra procedura». Ci vuol altro che parlare di delinquenti nati, di forza irresistibile, di lipemania, di pazzia ragionante, di scuola positiva e scuola classica; ciarle! bisogna che i bricconi siano pigliati e che lo spavento del malvagio sia conciliato colla sicurezza dell'innocente. Ecco quel che bisogna a questi liberaloni del codice penale, pei quali Romagnosi, se vivesse, non sarebbe che un cretino ragionante.

Don Ciccio questa volta era piú ispido del suo cilindro bianco,

VIII

IL CASTIGO

Fu solamente verso la mattina che il barone poté chiudere un poco gli occhi; ma si svegliò prima delle sette. Per un istante non gli tornò alla mente la grande preoccupazione della notte, fin quando un dolore fisso al cuore lo ricondusse a ríflettere sul suo male e si ricordò.

Alla luce del giorno la sua posizione gli parve ancora buona e senza pericoli. Non ci voleva che una fantasia vulcanica per vedere nella dolcissima citazione del cavaliere Martellini qualche cosa di piú di un invito ad assaggiare delle ostriche alla «mayonnaise».

- Bell'originale costui!... - disse ridendo, quando ebbe riletta ancora una volta la lettera del cavaliere. - Se in vece mia potessi mandargli la principessa, sono sicuro che gli farei perdere la testa. Intanto stiamo attenti a non perderla noi...

Egli sentiva che tutta la sua vita era là, nella testa. Di là era venuta l'idea di ammazzare il prete, di là il principio che un uomo vale una lucertola, e che vivi e morti fermentano tutti dell'istesso lievito.

Di là finalmente erano venuti i consigli prudenti, i suggerimenti, le induzioni, le insidie e i piani di guerra.

Di là dunque doveva venire anche la difesa.

Già se la sentiva piena e armata come una fortezza questa povera testa, e quando vi portò la mano, gli parve di toccare un forno ardente.

Povera testa! Da un mese e mezzo, cioè dal giorno che il canonico del Sacro Monte delle Orfanelle gli aveva mandato a chiedere le quindicimila lire, non aveva avuto piú un'ora di tregua e di riposo. Fin gli stessi sonni profondi, in cui cadeva di tanto in tanto, non erano che la conseguenza di una snervante fatica cerebrale.

Pazienza! era l'ultimo giorno. Fra cinque ore egli avrebbe potuto partire senza dar sospetto a nessuno...

Partire! che gioia quando fosse stato quattrocento leghe al di là del mare! Sarebbe andato in Ispagna. Perché no? la Spagna è la patria dei «toreros» e delle andaluse.

Era un poco anche la patria della olimpica principessa di Palàndes.

E mentre pensava queste cose per dar riposo e svago alla testa, finí di vestirsi. Di rado la gente aveva veduto il barone di Santafusca piú elegante: panciotto bianco, tuba lucida, guanti chiari e freschissimi, un colletto alto, un bastoncino di ebano con pomo di platino, e un profumo d'ircos su tutta la persona.

Per ingannare il tempo scrisse un biglietto dolce e profumato alla principessa per dirle che alle sei sarebbe andato a pranzo da lei.

«Devo farvi un lungo discorso - le scriveva, - dal quale può dipendere tutta la sorte della mia vita futura».

Che discorso? non sapeva bene egli stesso: ma scriveva cosí per vivere in qualche maniera al di là di un'ora fastidiosa.

Credette di aver fatto molto tardi, e si accorse, quando fu in istrada, ch'erano appena le otto e mezzo. Aveva ancora un'ora e mezzo da aspettare.

Che doveva fare intanto? Entrò un momento da Compariello, dove non c'era che il padrone, e si fermò con lui a discorrere di corse e di cose vaghe, e a rotolare sigarette colle dita.

- Credevo che ella fosse in villa, barone, - disse Compariello.

- Perché?

- Perché l'*Omnibus* parla di una visita che il cronista ha fatto a vostra eccellenza nella sua magnìfica villa di Santafusca.

- Dov'è questo *Omnibus?* Sarà stato quell'animale di

Cecere. Ecco, proprio lui! - soggiunse scorrendo coll'occhio il giornale. - E cosí si scrive la storia, rubando un pranzo a un uomo in buona fede!

- È per vendere un numero di piú. Si diceva che da questo cappello dovesse uscire un gran processo, ma pare che vada a finire in nulla.

- Son chiamato anch'io stamattina. Non so che cosa dirò, perché coi preti non ho mai avuta troppo confidenza. Ma il cavaliere Martellini vuol farmi assaggiare certe ostriche...

- Io ho un Lipari, eccellenza, in cui le ostriche nuotano come se fossero vive.

Per quanto i discorsi succedessero ai discorsi, la lancetta dell'orologio non segnava che le nove.

Dio buono! ancora un'ora. I giornali gli facevano nausea. Stette un minuto a guardare di fuori, col viso appoggiato ai vetri della bottega, la gente che andava e tornava lesta per gli affari suoi, indifferente, inconsapevole.

Uscí e andò a caso, finché il caso lo portò davanti alla chiesa dell'Ospedaletto dove prete Cirillo aveva sentita l'ultima sua messa.

Qui la sua attenzione fu attirata da una comitiva di povera gente, in parte pescatori e in parte operai, che portavano un bambino a battezzare: e siccome il barone non cercava che qualche occasione per ingannar il tempo e per lasciar riposare la testa in una esterna distrazione, cosí si lasciò tirar in chiesa dalla brigatella, che era andata ingrossando di tutti i ragazzini che formicolano nei chiassuoli.

Quanta gioia splendeva negli occhi di quella gente sporca!

Una giovinetta, forse la sorella o la zietta del bambino, se lo teneva sulle braccia e se lo stringeva al petto con un amore di madre, mentre il babbo del neonato - che pareva un merciaiuolo, - andava girando e rigirando intorno a una colonna, facendo girar nelle mani il suo cappello. Era il suo primo. maschio, e il babbo non sapeva come manifestare altrimenti la sua vergognosa contentezza.

Santafusca per la seconda volta invidiò un per uno tutta quella canaglia di miserabili, che avevano trovata la maniera di esser felici, e non avevano la radice di una idea in capo.

All'altar grande diceva messa un frate, con una pianeta rossa fiammante. Un vecchio prete curvo e prostrato nei banchi tossiva forte coi capo dentro le mani.

Da un pezzo «u barone» non vedeva una chiesa, e sentí, nel girare gli occhi intorno e in alto, che quelle sacre pareti avrebbero potuto una volta circondarlo e difenderlo dal terribile mostro sociale che rumoreggiava nelle vie. V'erano anditi bui e segreti, ov'egli avrebbe fatto voto di rannicchiarsi tutta la vita, purché la sua testa (quella povera testa) avesse potuto cessare una volta di pensare, di riflettere, di argomentare.

Forse molte antiche sensazioni religiose della prima età, coperte ma non soffocate dalle rovine della sua vita libertina, si agitavano al di sotto, e alcune immagini, sprigionandosi dalle piú intime pieghe del sentimento, traversavano l'anima sua come un volo di colombe bianche sul campo brullo d'un deserto.

Nella sua vita, come dicemmo, egli aveva anche pensato una volta di farsi frate. A sedici anni, vergine ancora di anima e di corpo, e pieno del dolore d'aver perduta la mamma sua, s'era lasciato condurre da un pio monaco a Montecassino, dove stette tre giorni e tre notti a contemplare il cielo e la valle dalla finestruola di una cella.

Che pace, che riposo immenso in quella luminosa solitudine!... Se prima di sera egli avesse potuto giungere fin lassú, e, chiesta l'ospitalità in nome di Dio, avesse potuto nascondere il resto de' suoi giorni in una cella sotterranea, da dove avesse potuto vedere un lembo del cielo... pur di non pensare piú!

In una nicchia sotto l'altare dell'Addolorata, posti a giacere sopra un mucchio confuso di stinchi e di rottami umani, guardavano al di fuori attraverso una piccola grata di ferro alcuni teschi, colle occhiaie nere e profonde, in una attitudine di eccitata curiosità.

Uno di quei teschi aveva un berretto da prete polveroso e rosicchiato esso pure dal tempo, da quel gran Tempo filosofo paziente., che, come l'infinito spazio, aggiusta molte cose. Nulla di strano, - pensò il barone, - che il caso portasse un giorno il teschio rotto di prete Cirillo a discorrere col suo duro teschio di peccatore in fondo a una nicchia dell'ossario di Santafusca.

L'ossario è una cappelletta barocca che si trova sull'angolo di due viottole campestri, colle finestre rivolte a ponente, cioè verso il mare. Molte teste di vecchi contadini morti durante il contagio dei 1630 guardano da duecentocinquant'anni la marina azzurra e il Vesuvio che fuma. La pioggia lava di tempo in tempo quelle fronti senza rughe, che si squagliano lentamente nei loro elementi, tra cui domina il fosfato di calce.

«U barone» pensava a questo tempo della sua lenta consunzione chimica coll'istessa dolcezza con cui poco fà, scrivendo alla principessa, sognava un colloquio al di là d'ogni paura, un colloquio d'amore, e chi sa? forse una notte d'amore.

Un gran bisbiglio e un fitto scalpiccio scosse il meschino da una contemplazione e da una meditazione che lo teneva immobile e quasi incatenato ne' suoi giri. La gente si affollava verso la porta, facendo cerchio a quel marmocchietto, che aveva avuta la malinconia di venire al mondo, forse per desiderare anche lui un giorno di essere morto da duecent'anni e di stare a guardare l'aria e il nulla dalla grata di un ossario.

Sentí suonare delle ore.

Erano le dieci.

Guardò l'orologio.

Aveva ancora cinque minuti di tempo.

Doveva proprio andare dal giudice o correre invece alla stazione, saltare nel primo treno in partenza, prendere il largo? Se non era la cella, poteva salvarlo il bosco. Frate o brigante, per conto suo era tutt'uno, purché non gli mettessero le mani addosso...

Cosí pensava ancora tra sé, bilanciando il pro e il contro, la vita e la morte, il tutto e il nulla, mentre era già in vista del palazzo di giustizia. Vi erano quasi due forze operanti in lui, una razionale che lavorava nel vuoto, senza addentellati, un'altra istintiva e sofferente che lo sospingeva. Cosí proviamo tutti quando andiamo a farci strappare un dente che ci fa soffrire le pene dell'inferno: la volontà ha paura, ma il dolore ci tirerebbe il capo sotto la mannaia.

Sul punto di porre il piede sulla soglia di quel tribunale, dove da una settimana si erano occupati de' fatti suoi, «u barone» sentí sprofondarsi in un gran buio. Fu una breve vertigine, contro la quale reagí, puntando il bastone a una delle colonne presso il portone e appoggiandovisi un momento col petto. Se egli avesse avuto occhio per vedere le cose del mondo, avrebbe notato nella corte e sotto i portici un gruppo di persone che al suo comparire si mossero e si agitarono, susurrando il suo nome mentre egli passava davanti.

Erano costoro le persone che avevano avuta una grande o una piccola parte nel processo detto del cappello, e che tornavano ancora, forse per l'ultima volta, a mettersi a disposizione del signor giudice istruttore.

C'era Filippino il cappellaio, vestito come un principe, nella sua giacca di panno a grandi scacchi. C'era donna Chiarina sua moglie in una mantiglia di seta con una frangia di pizzo e un ventaglio a colori vivi. Dai capelli usciva un alto pettine di tartaruga che il marito aveva pagato duecentocinquanta lire.

C'era anche don Ciccio Scuotto, l'anima dannata del processo, co' suoi calzoni chiari tirati su, corti e ballanti sull'imboccatura delle scarpe, e coi solito cappello bianco ispido e corrucciato.

C'era don Nunziante dal naso grosso e spugnoso, citato da don Ciccio per un apprezzamento legale; e Gennariello, il nipote del prete, povero in canna, coi capelli lunghi, pallido di fame per le lunghe sedute al tribunale che gl'impedivano d'andare attorno a ventolare l'appetito colle belle canzonette; e con costoro c'era finalmente anche quel Giorgio, l'oste della Falda, da un giorno uscito di prigione, e che Filippino aveva ospitato in casa sua per un sentimento non dirò di gratitudine (non è merito il non ammazzare) ma di riguardo verso il prete benefattore. Giorgio non riconobbe nell'elegante cavaliere colla barba tagliata alla «derby» il famoso cacciatore dalla lunga barba nera ch'era stato lassú, alla Falda, un giorno in cerca del cappello.

Il piú mortificato di tutti costoro era don Ciccio, il focoso «paglietta», che vedeva il suo gran processo squagliarsi come un tortello di neve che altri butti dentro a una caldaia d'olio bollente. L'asinità dei giudici questa volta, a parer suo, era stata piramidale, ed egli stava appunto ripetendo e declamando per la decima volta il suo opuscolo sulle «Magagne ecc.», quando la vista del barone nel modo improvviso e balzano con cui comparve nel vano del portone, fece, io non so perché, trasalire il suo sangue.

Don Ciccio Scuotto, per quanto abile e zelante avvocato, non era né un uomo superiore ai tempi suoi, né un uomo migliore de' suoi simili. Alla fascinazione, al mal occhio, alle impressioni credeva sí e no, secondo i casi, come si crede tutti un poco ai sogni e magari anche alla cabala del lotto. Egli non conosceva il barone di Santafusca che per averlo veduto un paio di volte di passaggio: ma non per nulla un uomo si fa l'occhio medico e filosofico. Voglio dire che dal modo con cui il barone arrivò davanti alla porta, dal modo con cui puntò il bastone alla colonna, con cui prese d'assalto lo scalone, dall'eleganza esagerata del suo vestito, dal passo legato, sconvolto, da un non so che insomma di indecifrabile, e forse anche di irragionevole che urtò i suoi nervi, il famoso «paglietta» fu tratto a seguire quell'uomo, come si segue un lumicino che spunti improvvisamente nel fitto d'una boscaglia, dove ci si raggiri da cinque o sei ore senza bussola e con disperazione.

Non è il caso di credere troppo a segreti istinti e nemmeno a misteriose leggi fisiologiche; basta per noi ammettere in queste circostanze un fino istinto delle cose e delle condizioni loro per spiegare come don Ciccio potesse seguire il barone di Santafusca fin quasi all'uscio del giudice istruttore.

«U barone» col fare insolente d'un bravaccio fe' trasalire un vecchio portiere che pisolava in anticamera.

- Che cosa comanda? - chiese costui, alzandosi con dolore delle sue giunture.

- Annunciate al cavaliere Martellini che il barone di Santafusca è a sua disposizione.

E, alzando il bastone, indicò egli stesso al portiere la strada che doveva tenere.

Rimase mezzo minuto a passeggiare con passo soldatesco, e anche questo esercizio aiutò a rinfrancare i suoi nervi. In quel momento egli non pensava nulla. Come lo scolaro che sul punto di andare all'esame sente di aver dimenticato ogni cosa e gli pare di avere la testa piena di stoppa, cosí il barone non arrivava piú a ricordare le espressioni principali delle sue idee; ma non se ne spaventò. Bastava che egli rispondesse a quella razza balorda di avvocati una frase sola: «Non so nulla». È vero che suo avo

Nicolò avrebbe risposto in un modo piú spiccio, ma... pazienza! Il cavaliere Martellini fortunatamente ne sapeva meno di lui.

- Vorrei aver tre giorni di regno! - brontolò. - Scribi e farisei!

- Vostra eccellenza è puntuale come un re - esclamò il grazioso cavaliere, cacciando fuori la testa calva e lucente dallo spiraglio dell'uscio.

Era costui un uomo tondo, un poco tozzo di spalle, ma ben nutrito, bianco di pelle, con due favoriti neri e una bella fronte nitida come una palla da bigliardo. Le sue maniere affabili e confidenziali rivelavano l'uomo abituato a vivere nel mondo elegante, e specialmente fra le signore, alle quali soleva regalare dei complimentucci sempre in due versi rimati.

- Come state barone, non avete condotto con voi la vostra bella prigioniera? È vero che il prigioniero siete voi... Ah! ah! - il signor giudice rideva a pieni polmoni. - Dev'essere una gran bella prigione, affè di Dio!

- Che cosa?

- La principessa. Basta, voi giocate a partita doppia. Vincete alle corse, correndo, e vincete in amore, arrivando a tempo.

Coll'abbandono dell'uomo abituato a vivere nei salotti, il cavaliere prese sotto il braccio il testimonio, e fermandosi tre o quattro volte in cinque minuti, mentre lo faceva passare in un tetro corridoio, gli disse sottovoce coll'aria di chi fa una delicata confidenza:

- *Inter nos,* io vi avrei risparmiata anche questa seccatura, visto e considerato che questa sciocchezza del cappello è una cosa senza sale. Ma anche noi, poveri giudici, siamo vittime del pubblico e specialmente dei giornalisti. C'è poi quel povero don Ciccio... conoscete don Ciccio?...

- No.

- È il piú ridicolo uomo del mondo, un «paglietta» stizzoso, insistente, noioso come una zanzara. È lui che fa fuoco e fiamme perché io scopra questo prete. Ha trovato un babbeo che spende volentieri, e intanto spilla la botte con la scusa delle carte bollate. Don Ciccio vuole che io gli trovi ad ogni costo il prete o vivo o morto, e meglio morto che vivo, per la réclame della bottega, capite? Insiste, minaccia fin degli opuscoli, e voi non avete idea che cosa è un avvocato che scrive degli opuscoli. Vi confesso che vien quasi voglia di ammazzare un prete per contentarlo... ah! ah!

La risata squillante del piccolo magistrato risonò nelle volte buie del corridoio.

- Dunque, caro barone, bisogna ch'io mostri almeno la buona intenzione e che interroghi, se è necessario, anche le capre e i cani di Santafusca. Interrogato il cane, non rispose.

- Che cane!? - esclamò ad un tratto «u barone», che metteva troppi pensieri suoi in mezzo alle allegre parole del giudice per poter pigliare al volo una facezia.

- Ai cani si può mettere la museruola: ma non si può metterla ai giornalisti ed agli avvocati.

In questi discorsi arrivarono ad una stanzaccia nuda, dov'erano alcune poche sedie, un tavolo nel mezzo, e per tutto ornamento un ritratto del re.

In giro molti usci. Sopra l'uno era scritto: «Sala del Procuratore del re». Sopra l'altro: «Cancelleria». Sopra un terzo: «Carceri». Piú in là: «Reali carabinieri».

Un puzzo di chiuso, di polvere e di vecchio inchiostro rendeva ancora piú triste quella stanzaccia, al di là della quale il barone di Santafusca sentiva la forza armata, il terrore, la vendetta sociale in agguato, carica di catene e di chiavi.

- Ora, eccellenza, abbiate la bontà d'aspettare due minuti. Poi vi farò chiamare, ed in quattro parole vi sbrigo. Per mezzogiorno ho già ordinato le ostriche... Sentirete!

Il barone, sentendosi le gambe rotte come chi esce da una gran febbre, sedette: posò il cilindro sulla tavola polverosa, e si asciugò la fronte col fazzoletto.

Per quanto avesse imparato a non credere alle sensazioni, quel trovarsi ad uscio ad uscio colla giustizia umana lo faceva un poco tremare.

Tuttavia il suo piano era infallibile... *non so nulla!* Un uomo che tace non può dire degli spropositi.

Era l'ultima scaramuccia. Una volta che avesse portato fuori i piedi da quel tetro palazzotto, pensava di andare sei mesi in qualche paesello della Svizzera, in alto, in alto, in qualche valle romita, e di stare le lunghe giornate sdraiato sull'erba a rinnovare le forze fisiche e intellettuali. Poi... avrebbe fatto del bene! Ancora una volta sentiva che non si offendono senza strazio e senza pericolo le vecchie leggi della natura. Ma aveva bisogno prima di riposare in mezzo al verde. Poi avrebbe fatto del bene, sí... Il bene è necessario alla vita quasi come l'olio alla macchina.

Volgeva l'occhio da una visione tutta verde, e lo fissava sopra uno degli usci che aveva davanti.

Il mostro sociale era lí, ed egli doveva affrontarlo col sorriso sulle labbra, col sorriso stesso con cui soleva andare incontro alla principessa; doveva carezzare la criniera a quel mostro; placarlo con qualche facezia; ridere dei suoi rabbiosi ruggiti.

L'uscio, sul quale il poveretto versava questi ultimi suoi pensieri, si aprí dopo un aspro scricchiolío e ne uscirono due carabinieri dalle spalle quadre, dalle braccia grosse e tonde, che stringevano tra le anche un ragazzotto imberbe, un di quei «guappi» color della terra che pullulano nei fangosi vicoli del porto, coi polsi legati, vestito di una sola giacca senza colore e d'un paio di brache sconnesse, ch'egli cercava di tener su, aiutandosi colle mani in croce.

Dopo che i due soldati l'ebbero palpato in tutte le parti del corpo, fin sul nudo, lo cacciarono innanzi verso l'uscio dei «carcerieri», aprirono... e crac, l'uscio si chiuse con un piccolo scatto.

Il barone Carlo Coriolano di Santafusca pensò che per un orologio o per una gallina rubata un cristiano va a finire cosí. Egli si sarebbe prima abbruciato dieci volte le cervella.

Un improvviso sgomento gli fece vedere un grande abisso spalancato sotto i piedi. Chi l'aveva sospinto a poco a poco fin sulla soglia della prigione? Gli parve ancora di sentire sulla schiena la *mano invisibile* che lo urtava bel bello, e si voltò rapidamente.

Si vergognò della sua viltà. Rifece rapidamente il sunto delle mille idee ch'egli aveva raccolte in quei dí sull'infinità dello spazio e del tempo e sul pio riposo della morte.

Non era da uomo pazzo il soffrir tanto per una sí meschina contingenza?

- Vostra eccellenza è pregata a entrare.

Queste parole furono pronunciate con un tono di umile ossequio da un vecchio usciere, magro come un merluzzo, dal capo sottile e bianco, vestito d'una sciupata toga nera.

«U barone» stette come incantato a guardare quell'uomo dalla testa piccina vestito anche lui come un prete.

- Si accomodi, per di qua, eccellenza.

Santafusca fece ancora uno sforzo sopra sé stesso, e si spinse avanti. Il vecchio usciere, vedendo che stava per infilare un uscio falso, gli pose gentilmente una mano sulla schiena e balbettò:

- Scusi, per di qua.

Entrò in una sala grande, ben arredata e ben rischiarata. Innanzi a un tavolino, ingombro di carte, sedeva il cavaliere Martellini, sprofondato nella sua poltrona fra due cordoni di campanelli che si allacciavano sulle sue ginocchia. Il suo cranio lucido e bianco faceva un gran spicco nel colore sanguigno dell'ampio schienale. Ai due capi della tavola stavano due signori, curvi sulle carte a scrivere, che il testimonio vide in ombra.

Il barone sentí per una specie di corrente magnetica che il vecchio usciere vestito da prete s'era fermato in fondo alla sala accanto all'uscio.

- Si accomodi, eccellenza - disse con un tono piú sostenuto l'amabile cavaliere, a cui l'alta poltrona imprimeva un carattere piú serio ed ufficiale.

Il barone andò diritto e svelto verso la poltrona che gli fu indicata, e sedette con un poco di furia e di dispetto.

- Poiché siamo quasi in famiglia presenterò il signor cancelliere, cavalier Tinca, e il dottor Macelli, mio collega.

Le due ombre sedute ai lati della tavola si mossero un poco. Il barone cercò di fare altrettanto.

- Portate le robe, Quaglia - disse il cavaliere.

L'ombra secca e nera si distaccò dal muro e portò sul tavolo dei giudici una cesta coperta da un panno verde.

- Il nostro colloquio sarà molto spiccio, signor barone, perché vedo che fui già prevenuto.

- Di che? - esclamò molto forte il testimonio.

- Un briccone può esser sicuro di salvarsi dalle mani del giudice, ma non un galantuomo da quelle del giornalista. Scusi, eccellenza, la mia indiscrezione. Che cosa c'è di verosimile nel colloquio che l'*Omnibus* ha stampato ieri in questo numero?...

- Ah! - esclamò ridendo il barone, a cui l'esordio del giudice aveva un poco stretto il cuore. - C'è di vero: primo, che il giornalista non fu mai a Santafusca; secondo, che le bugie si vendono a buon mercato.

- Ella però ha avuto veramente un colloquio con questo signore che firma Cecere?

- Un colloquio sí... voglio dire delle ciarle al caffè. Mi ha chiesto una mia opinione e gliel'ho detta. Del resto non so nulla.

- Ella dunque crede... o inclina a credere che esista veramente un cacciatore.

- Come ho detto... non so nulla.

- Un nulla relativo, si sa. Non si è padroni di una villa che si chiama Santafusca, senza interessarsi un poco alle questioni di casa e alla sorte del proprio nome. Il cappello fu trovato nella villa, anzi ella ha protestato già per violazione di domicilio... Conosceva ella prete Cirillo?

- No!

Il Quaglia, abituato a sonnecchiare sui lunghi interrogatori, rilevò col suo orecchio fino ed educato a tutti i toni della verità e della bugia, un tono falso in questo «no» duro, sgarbato, che il barone di Santafusca gettò come un cencio in viso al signor giudice.

- E di Salvatore, che cosa ci può dire?

- Un sant'uomo, Salvatore, un buon vecchio, Salvatore. Lasciamolo stare, per carità; e per la voglia di trovare un delitto, non facciamo torto ai poveri morti, per carità.

Il barone pronunciò queste parole tutte d'un fiato e con un sentimento di pietosa tenerezza.

Salvatore non poteva desiderare un maggior elogio in bocca al suo padrone, che parlò proprio col cuore amoroso e caldo.

Salvatore e Maddalena, lo abbiam detto, s'eran pigliata a tempo la parte migliore di quel cuore pieno di passioni e di fantasmi.

- E come spiega allora, eccellenza, che Salvatore fosse in possesso del cappello di prete Cirillo?

- Io non so nulla, caro...

- Ella avrebbe detto al giornalista che il cappello può essere stato gettato nel giardino...

- Sí.

- Ci dia un'idea della casa e del giardino. C'è un muro di cinta?

- Sí.

- Molto alto?

- Cosí...

- Ma un testimonio dice che il cappello non fu trovato in giardino.

- Dove fu trovato? - chiese con piú animo il barone.

- In casa.

- Dove? - insisté sua eccellenza con un tono quasi insolente.

- Abbia pazienza, capisco, è noioso. Ma è questione di cinque minuti.

Il barone si era fermato al suo *dove?* come davanti a una porta chiusa. Non era meno curioso degli altri di sapere in qual maniera il prete aveva perduto il suo cappello.

Successe una piccola pausa intanto che il signor cancelliere e l'altro signore dagli occhiali sul naso frugavano in mezzo a un mucchio di carte, susurrando tra loro parole confuse e cabalistiche.

- *Non sai nulla!* - disse ancora una volta una voce che usciva dagli strati piú fondi del suo pensiero.

Era un ultimo avvertimento a un uomo, che si accorgeva di lasciarsi troppo ingannare dalle sensazioni.

Si abbandonò, si accomodò nella poltrona e cominciò a guardare diritto avanti a sé coll'occhio fisso nella luce chiara della finestra, colle gambe accavallate, col suo splendido cilindro in mano. Agitò il bastone, si guardò la punta dei guanti...

- *Non sai nulla!* - tornò a dire la voce prudente e segreta.

Il giudice perdette un po' di tempo a cercare una carta tra le carte; poi, col tono uniforme di una campana, cominciò:

- Il suo nome?... Scusi, sono le solite formalità.

- Carlo Coriolano barone di Santafusca - rispose il barone con enfasi.

- Figlio?
- Di Nicolò.
- Età?
- Quarantacinque... credo... però...

«U barone» sorrise un poco.

Sorrise un poco anche il giudice.

- Abitante?... lo sappiamo... non importa.

Il giudice mormorò alcune parole al vicino che alzò il naso armato di due grandi occhiali.

Il vecchio usciere cominciò a dondolare come un pendolo dietro le spalle del testimonio.

«U barone» che lo vedeva colla coda dell'occhio non poté resistere alla voglia di voltare il capo e di guardare ancora una volta quella secca figura di merluzzo vestita di nero.

Era un gran mistero per lui come avesse potuto credere di distruggere il corpo del delitto, gettando in fondo al mare un cappello, che adesso era nelle mani dei giudici.

Fisso in questo problema non intese l'ultima dimanda del giudice, e ciò produsse un piccolo imbarazzo in tutti.

- Non crede che possa essere stato gettato in mare? - chiese con una naturale diversione l'amabile cavaliere Martellini, che non perdeva di vista l'orologio, come per dire all'illustre amico: Abbia pazienza, ho quasi finito.

- È difatti la mia opinione...

- Che cosa fu gettato in mare? - chiese il cancelliere, che stava scrivendo le risposte nel processo verbale.

- Il cappello.
- Il prete.

Queste due parole risonarono insieme, la prima per la bocca del barone che era trascinato dalla forza della verità, l'altra per la bocca del giudice, che seguiva invece i naturali indizi del processo.

L'urto di queste due parole fu una prima scossa dell'edificio che il barone aveva innalzato per sua difesa. Temette di essere già caduto in contraddizione, e si affrettò a dire con grande vivacità:

- Dico il cappello... il cappello.

- Questo non è possibile, - soggiunse il signor giudice - perché il cappello è nelle nostre mani. Anzi, se lo vuol vedere... Quaglia togliete il panno.

L'usciere si avvicinò alla cesta con passo lento e vacillante e la scoprí.

Il cavaliere Martellini si alzò e disse:

- Favorisca. eccellenza.

Il barone, che sedeva piú basso, non poteva arrivare cogli occhi fin sopra la cesta. All'invito replicato del giudice fece per muoversi, ma non poté subito per una specie di paralisi nervosa.

- Scusi, se non le rincresce incomodarsi...

«U barone» sentí che non poteva rimanere lí, duro duro, incantato. Si spaventò di questa sua fisica incapacità, molto piú che gli parve di scorgere in viso al cavaliere un senso di meraviglia; si riprese, e con uno di quegli sforzi supremi con cui soleva pigliarsi quasi per i capelli, andò diritto fino al banco e guardò.

Il cappello del prete, nella sua eleganza di cappello nuovo, spiccava sul fondo rossiccio di una sacca o carniere da cacciatore.

Il cavaliere continuò:

- Ecco il famigerato cappello: lo osservi, eccellenza. La giustizia sa di sicuro che questo cappello fu venduto a prete Cirillo la mattina del giorno quattro di aprile. Don Antonio l'avrebbe trovato nella stanza di Salvatore, che forse l'avrà raccolto in giardino. Per scrupolo di coscienza fu inviato in una scatola a Filippino Mantica. In questo intervallo prete Cirillo scomparve e non si sa piú nulla dei fatti suoi. Il cappello porta qualche ammaccatura leggiera qua e là, qualche macchia di calce... osservi, vede?

«U barone» non vedeva nulla, tranne un gran nero. Tutta la sua vita era raccolta nell'afferrare le dimostrazioni e le dimande del giudice. Al suo fianco vedeva una figura nera che si agitava, e che cacciava le mani nella cesta quasi per fargli dispetto, e cominciò a fissarla con un occhio sanguigno e cattivo.

La toga nera e sciupata del vecchio usciere faceva spiccare il bianco del suo piccolo capo e di un bavaglino di tela conficcato nel collare. Il Quaglia, che teneva il cappello del prete in mano, lo mosse due o tre volte, segnando col dito ossuto le macchie e le ammaccature qua e là, gonfiando un poco un paio d'occhi color madreperla.

Il barone non poteva torcere gli occhi da quegli occhi gonfi, che lo guardavano con una mezz'aria d'ironia.

- In quanto all'opinione che accusa un cacciatore, - continuò il giudice, - sarebbe in parte confermata dalla scoperta di questo carniere.

- Ah! - fece il barone con un'esclamazione quasi di trionfo, come se volesse dire: «E non avevo ragione io di credere in questo cacciatore?».

- Questo carniere fu trovato in una barca presso alcuni scogli.

- Precisamente! - ribatté il colpevole, senz'accorgersi di dire troppo, ma credendo con ciò di distruggere meglio l'effetto di una contraddizione in cui fosse caduto poco prima.

Ormai nel suo turbamento e nel conflitto in cui trovavasi tra la verità, la coscienza e il giudice, non sempre aveva presente ciò che gli conveniva dire e ciò ch'era meglio tacere.

- Scusi, barone, ella forse si sente male... - balbettò l'egregio funzionario, impallidendo un poco.

- No, no, sto benissimo, che cosa dice? - rispose «u barone» balzando con una scossa del corpo come se cadesse da un gradino non visto, nel buio. - Volevo soltanto far notare - soggiunse ridendo - che la mia opinione era fondata su una presunzione, e che non avevo torto di dire «cherchez le chasseur». Non mi sento male, tutt'altro, anzi ho quasi appetito... - Trasse e guardò l'orologio. - È naturale, è quasi mezzodí. Pareva che lor signori avessero voglia di trovarmi in contraddizione; ma qui c'è la prova parlante che un cacciatore esiste. Ecco il triste connubio dell'assassino e della sua vittima!

La voce del barone di Santafusca erasi fatta cosí oscura e profonda, il modo con cui andava squadrando il vecchio usciere era cosí pieno di ferocia e di spavento, che il cavaliere Martellini e gli altri, allibiti, si guardarono in viso.

Il buon giudice istruttore finse di cercare alcune carte, ma le sue mani tremarono come se avesse indosso la terzana fredda.

- C'è don Ciccio Scuotto? - chiese al Quaglia.

- È di fuori.

- Fatelo pure entrare.

Il barone, la testa del quale navigava già in un mare torbido e burrascoso, tornò a fissar l'occhio bianco e cristallino sulla finestra.

- Scusi eccellenza, si accomodi pure - riprese a dire il giudice con voce più composta. - Anche noi non abbiamo mai messo in dubbio l'esistenza di un cacciatore... Si accomodi.

Il barone andò a sedersi sopra una scranna che portò egli stesso nel mezzo della sala, e cominciò a far dei calcoli e dei confronti tra il suo orologio e il quadrante appeso alla parete. Si sarebbe detto che il processo non lo toccasse più.

- Dunque vediamo d'orientarci, caro barone, per venire a una conclusione - cominciò a dire colla amabilità solita il signor giudice: anzi, infilando egli stesso il racconto con una di quelle astuzie inquisitorie che non sbagliavano quasi mai, entrò nell'animo del testimonio e cercò di tirarlo a sé: - Un cacciatore dunque fu veduto alla Falda, all'osteria del «Vesuvio»; poi fu veduto da un cantoniere della strada ferrata, e finalmente pare che abbia preso il largo in una barchetta da pesca che trovò presso alcuni scogli. Va bene?

- Precisamente - tornò a dire Santafusca col tono semplice e naturale di chi ha veduto e quasi toccate le cose che afferma.

Il cavaliere Martellini tornò a rimestare nelle carte, per dar tempo all'animo di ricomporsi. Gli altri due signori che sedevano ai capi della tavola si lanciarono un'occhiata piena di spavento dietro le carte e i protocolli.

Piú che il contegno irritato, piú che l'occhio stravolto, fece colpo sull'animo dei giudici la sicurezza, la prontezza, il candore quasi con cui il testimonio confermava e ribadiva i semplici indizi della procedura.

In quel mentre entrò don Ciccio, a cui il Quaglia aveva susurrato nell'orecchio alcune paroline. L'acuto «paglietta» gettò uno sguardo su quell'uomo torbido che sedeva nel mezzo della sala, piú appoggiato alle ginocchia che alla sedia, e si arrestò di scatto. Aveva egli trovato piú di quanto cercava?

Fisso, estasiato di quel suo trionfo, l'avvocato dei preti andava girando la manica sul pelo del suo cilindro bianco, che non era mai stato cosí liscio.

Dopo aver ricomposta la persona sulla poltrona, il cavaliere Martellini ritornò a dire colla solita piacevolezza:

- Ancora una parola, eccellenza, e poi la lascierò in libertà. Ormai non è più il giudice che interroga, ma l'amico che discorre di un caso curioso. Noi magistrati siamo spesse volte affetti di miopia curialesca, e piú aguzziamo l'occhio e meno vediamo le cose che cerchiamo. Un uomo di mondo invece ha l'occhio sano. Voi avete detto benissimo, caro barone... - soggiunse il giudice ripigliando un grazioso tono di confidenza, - noi abbiamo davanti il turpe connubio dell'assassino e della sua vittima; ma, secondo voi, quale interesse poteva avere l'assassino di uccidere il povero prete?

- Il prete era ricco - disse il barone alzando burberamente le spalle.

- E voi credete, caro barone, che il cacciatore abbia agito per conto proprio o invece per mandato di qualche persona potente?

- Per conto proprio, diavolo!

- Dunque - continuò il giudice con un tono piú eccitato e squillante - questo cacciatore o falso cacciatore avrebbe procurato di tirare il prete fuori di Napoli...

Il barone si alzò con aria tragica e accompagnò la sua affermazione con un gesto vigoroso, stendendo il braccio e l'indice verso un punto della parete.

- Precisamente, e lo gettò in mare.

- Il prete? gridò il giudice.

- Il prete... rispose il barone che adesso non parlava più che per una specie di meccanismo interno.

- Prego il signor cancelliere di mettere a processo verbale che il testimonio crede che il prete sia stato gettato in mare.

Il tono ruvido e autorevole con cui il signor giudice pronunciò queste parole, e i colpi del dito sulla carta con cui accompagnò l'ordine, diedero una seconda e terribile scossa ad un uomo che parlava come un addormentato. «U barone» trasalí, e ripetendo a sé stesso l'ultima risposta, si spaventò di essere caduto cosí presto in contraddizione. Prima aveva detto che il cacciatore aveva gettato in mare il cappello e non il prete: ora diceva che il prete era stato gettato in mare. Di questa contraddizione la sua mente non era piú in grado di valutare l'importanza e il pericolo: e tanto meno essa era in grado di conciliare la prima risposta colla seconda: ma il colpevole sentí confusamente che l'edificio della sua difesa diroccava da tutte le parti, e che da questo momento aveva nel cavaliere Martellini un terribile nemico.

Procurò di rettificare la deposizione di prima: ma ormai gli mancavano gli argomenti, gli mancava la voce, il tempo; e le parole gli si aggrovigliavano in bocca. Gli veniva meno la forza di tener separato nettamente il cacciatore da sé, di non attribuire all'uno pensieri ed atti che appartenevano, pur troppo! soltanto all'altro. Non sapeva piú discernere il fatto da' suoi particolari, e, per la foga di conciliare il prete col suo cappello e di voler credere troppo nel cacciatore, non si accorgeva che a poco a poco andava esponendo e accusando sé stesso. La sua testa era una fornace. I mille fantasmi cacciati, respinti, costretti, flagellati dalla sua scienza e dalla sua logica, uscivano sbucando ora tutt'insieme dai tenebrosi spechi della coscienza, invadendo la sua ragione e lo spavento s'impadroniva di quell'uomo che da circa un mese aveva lanciata una terribile sfida alla natura e a Dio.

Questa povera anima, che aveva resistito agli urti del rimorso e della disperazione, fatta solida da uno smalto artificiale di convinzioni scientifiche, si screpolava da sé per la inferiorità della sua stessa vernice.

La mente non connetteva più, si spezzavano le formole logiche, e la pazzia, la furia vendicatrice della superba ragione, scendeva a rompere la testa del barone di Santafusca, come egli aveva spezzata, con una sbarra di ferro, la piccola testa di prete Cirillo.

Ciò che seguí da questo momento non fu piú interrogatorio nelle forme, ma la lotta estrema di una ragione contro un rimorso.

Il barone in piedi, nel mezzo della sala, gesticolando con forza, col suo bastoncino in mano, cominciò a dire:

- Mi meraviglio che si voglia ancora trovarmi in contraddizione. È chiara, per Dio! Prego a non farmi dire cose che non penso. Che ne so io di questa faccenda? Io dico che il cacciatore aveva tutto l'interesse a far scomparire le traccie del prete, cioè il suo cappello. L'uno valeva l'altro; anzi l'uno piú dell'altro, perché l'uomo si spegne come a soffiare sopra un moccolo, ma la materia (gridò contorcendo nelle mani il bastone) la materia è dura, resistente, indistruttibile, ha filamenti eterni, immortali. Avete letto, signori, il «Trattato delle cose» del celebre dottor Panterre? Devo io citare a questi signori Buchner, Moleschott, Hartmann, per dimostrare questo principio fondamentale che nulla si può distruggere di ciò che esiste? Quando voi pensate che una palla di cannone impiega piú d'un milione d'anni a cadere dal centro del sole al centro della terra, e che il sole è un tuorlo d'uovo in confronto delle nebulose e degli asteroidi e dell'infinito spazio, io son persuaso che riderete anche voi con me di queste sciocchezze, come rideva poco fa quel teschio di prete coi denti appoggiati alla grata. Né quel prete, né quell'altro, non cantano piú l'epistola...

«U barone» sorrise in modo sinistro e, facendo tre o quattro passi veloci nella sala, continuò, rinfocolandosi, spezzando in due il bel bastoncino e buttandone in aria i frantumi:

- Ecco perché il cacciatore cercò di far scomparire il cappello del prete, gettandolo in mare. Per averlo in mano, quel cappello, era andato fino alla Falda perché sapeva che Giorgio della Falda l'aveva preso con altre robe nella stanza di Salvatore. Per questo io dicevo che il cappello fu gettato in mare, e non c'è nessuna contraddizione, caro cavaliere Martellini. Se il cacciatore avesse affogato il prete, come potrebbe il prete essere sepolto a Santafusca? Non vorrete supporre che lo abbia ammazzato Salvatore. O per l'anima mia! io devo difendere la memoria di un uomo che mi ha portato sulle braccia, e, dovessi dar tutto il mio sangue, non permetterò mai che l'ombra del piú piccolo sospetto funesti una tomba pura e modesta! Vigliacco è chi lo pensa, vigliacco chi lo dice. Perché avete trovato il cappello nella sua stanza, voi correte a calunniare un poveretto morto che non può difendersi. E chi vi dice che il cappello non sia stato portato in camera di Salvatore dal suo cane?... Interrogato il cane, non rispose, ha detto ironicamente il cavaliere Martellini; ma se quel cane parlasse, signori miei, vi direbbe, come ha detto a me, che il prete non fu gettato in mare, ma fu ammazzato dal cacciatore e sepolto da lui nella villa...

- Dal cacciatore? - soggiunse con voce rotta da un singulto il giudice, che si aggrappava ai bracci della poltrona quasi per resistere allo spavento di quella scena non mai veduta.

Gli altri ufficiali, l'usciere, don Ciccio, irrigiditi da quello spettacolo, non davano quasi piú segno di vita.

- Dal cacciatore, dall'anticristo... - gridò «u barone».

- Che... che tirò il prete a Santafusca con un pretesto... l'uccise e lo seppellí in giardino... eh? eh? - Il giudice pareva che volesse arrampicarsi sullo schienale dei seggiolone.

- Non in giardino - esclamò «u barone» ridendo come se l'amabile cavaliere avesse detto una facezia. - In fondo alle scuderie, sotto quel mucchio...

Il barone non parlò piú. L'occhio fisso sul cappello del prete, dopo aver raccontato del cacciatore ciò che da un mese aveva troppe volte raccontato a sé, si sprofondò nella contemplazione estatica del suo delitto come se ancora avesse sotto gli occhi quel maledetto mucchio di calce e di mattoni. Ed era uno spettacolo veramente tragico e solenne assistere alla confessione di un uomo che accusava l'ombra sua.

- Barone di Santafusca, - gridò finalmente il giudice, alzandosi ritto su tutta la persona che parve diventata piú grande - voi siete mio prigioniero.

Il barone a queste parole si scosse da quella specie di sonno magnetico in cui l'aveva tratto la fissazione della sua mente; fece un mezzo giro su sé stesso, si guardò intorno con occhio scemo e torvo, parve ancora una volta riconoscere l'orrore delle sua condizione, mandò un urlo, alzò le braccia, e, spinta la sedia in terra, cercò farsi strada verso la porta.

Era troppo tardi. Vi stava già la forza.

- No, - gridò colla bava alla bocca - v'ingannate. Posso dare altre prove. Sono malato, vedete, è la testa. Sentite la mia testa. Per Cristo santo, ho la febbre! Sono innocente. Volete che io vi conduca sul luogo del delitto? Vi farò vedere e toccar con mano. Signori, voi avete davanti un barone di Santafusca, che non si lascia arrestare come un guappo.

Cosí dicendo, si chinò, afferrò la sedia colle due mani, e alzandola colla vigoria dei suoi muscoli furibondi, cercò di farsi ancora una strada verso la libertà.

Successe una scena indescrivibile.

I giudici si alzarono spaventati e si ritrassero verso la parete di fondo, scompaginando nella fuga sedie, carte e libri. Il vecchio usciere per poco rimaneva massacrato dalla sedia che l'assassino gli scaraventò sulla testa; guai a lui, se non si abbassava a tempo!

Seguí una lotta fiera a corpo a corpo, tra l'assassino inferocito e i due soldati dalle braccia robuste, che lo avvinghiarono come un orso feroce. L'assassino rotolò in terra ai piedi della tavola, trascinando con sé uno dei carabinieri che tentò di mordere al viso. Finalmente, coll'aiuto d'altri secondini accorsi, fu domato, legato.... ma la giustizia umana non ebbe nelle mani che un povero pazzo.

Il barone era stato tradito e punito dalla sua stessa coscienza.

IX

UN MORTO E UN RISORTO

È una brutta giornata piovosa. Le case di Santafusca avvolte nelle nubi hanno un aspetto triste e malato.

Don Antonio è moribondo.

Da ieri le donne, i vecchi, i fanciulli stanno raccolti sulla soglia della sua casa, sui gradini della scala, e pregano piangendo per la pace del vecchio padre che sta per lasciarli.

È venuto il prete di San Fedele e siede al capezzale a consolarne gli ultimi istanti.

Nessuno avrebbe mai creduto, ad onta della grave età, che il buon piovano sarebbe precipitato cosí d'un colpo, e di quella febbre maligna che il medico non sa definire. Speravano d'averlo ancora per molti Natali e il vecchio aveva promesso di condurre a termine certe operazioni del suo giardino...., ma Dio comanda e vuole.

Martino andava ripetendo che il cappello del prete l'aveva uccise.

- Voi sapete - diceva - lo scrupolo e la santità di don

Antonio. L'antico testamento non ha un patriarca piú giusto, se non è Abramo, il quale lasciò trarre sul monte e mettere sulla catasta il proprio figlio per obbedienza di Dio. È caduto in casa il «cappello del diavolo» a seminare gli scrupoli prima, poi il castigo, poi il delitto ed il sangue... Dio conceda almeno al santo pastore il transito del giusto!

- Dio lo conceda! - ripetevano le donne, e tornavano a pregare per la sua pace.

Don Antonio, assopito nel suo letto di morte, di tanto in tanto mandava dei gemiti, voltava la faccia come se non volesse vedere un brutto fantasma, o alzava in un estremo sforzo la mano per togliersi dal petto l'ombra che funestava le ultime visioni della sua coscienza.

La campana seguitava a piangere per lui in mezzo alla pioggia, e le case di Santafusca si chiudevano in una piú bigia tristezza.

Fu con questo cielo, con quest'agonia, che il cavaliere Martellini, accompagnato dal cancelliere, da don Ciccio e da alcune guardie, arrivò a Santafusca in cerca di prete Cirillo.

La confessione del barone non poteva essere piú esplicita e più tremenda. Ciò che non aveva detto prima, andava dicendo e ripetendo ora nel suo furioso delirio, mentre legato come un toro che si trae al macello, dibattevasi nelle convulsioni di una pazzia spaventosa.

Egli parlava confusamente, ridendo, fischiando, urlando, di filosofia, del dottor Panterre, di corse, di cavalli, di carte, di donne, di prete Cirillo; lo chiamava per nome, lo beffeggiava, lo avvertiva di non fidarsi del cacciatore che voleva ammazzarlo, e quando la scena dei cortiletto gli ritornava a mente, «u barone» diventava un terribile artista, e declamava il dramma del suo delitto con moti e con parole di cupa evidenza.

- Questa è proprio una giornataccia da funerale - disse il cavaliere, stringendosi in uno scialle e coprendosi alla meglio col suo ombrellino dalla poggia. - E anche questa campana aiuta a creare l'ambiente. Oggi si parla tanto dell'ambiente!

Don Ciccio che camminava vicino rispose:

- Oggi si fanno in generale troppe parole; però io l'avevo detto.

- Che cosa, don Ciccio? che doveva piovere?

- Avevo detto che l'avrei trovato il mio morto.

Don Ciccio pronunziò queste parole con un mezzo sorriso di trionfo.

- Sta a vedere che ora siete contento...

- Non per prete Cirillo, poverino; ma per la vostra giustizia che disprezza i vecchi occhiali...

- Torniamo all'antico, volete dire...

- Voglio dire che l'uomo sarà sempre *homini lupus*.

Arrivarono alla villa. Chiamato il segretario e un fabbro, fu per la seconda volta aperto il cancello, e fu, in mezzo alla disgrazia, una piccola fortuna, che le donne, i ragazzi e la parte piú paurosa della popolazione fosse raccolta a piangere e a pregare sulla soglia e sulla scala del parroco moribondo. Martino, attaccato alla corda della campana, dava i suoi colpi lenti, singhiozzanti, asciugandosi di tanto in tanto gli occhi colla manica, intercalando ai colpi qualche versetto latino tolto al libro della messa.

- Conduceteci alle scuderie - disse il giudice al segretario.

- Le signorie vostre favoriscano per di qua.

La triste compagnia si avviò verso le scuderie.

Attraversarono una legnaia, giunsero nel cortiletto, e si arrestarono in silenzio davanti al mucchio che formavano i mattoni, la sabbia, la calce.

Tutto era ancora al suo posto, fin la leva di ferro conficcata nella calce.

- Vengano due uomini con badili - disse il giudice.

E mentre il segretario andava in cerca degli uomini, i presenti girarono gli occhi intorno in silenzio pel triste andito.

Pioveva, e l'acqua del tetto, cadendo nel cortile, saltellava sopra un piccolo selciato. Per non bagnarsi troppo don Ciccio e il giudice si trassero verso la stalla, e stavano citando ancora l'autorità di Puffendorf, quando intesero un gemito lungo che pareva venisse di sotterra.

Era ancora il cane di Salvatore, che stormí nello strame, e fuggí attraverso le gambe di don Ciccio, che mandò un ringhio.

Il cavaliere si sforzò di sorridere, ma i muscoli della bocca questa volta erano irrugginiti.

Tuttavia, non volendo perdere la sua fama di uomo di spirito, mormorò:

- *Homo homini canis...*

- È lo stesso! - si affrettò a dire don Ciccio per farsi vedere superiore a certe paure, e credo volesse dire che, o cane o lupo, l'uomo è anche lui una brutta bestia.

Vennero gli uomini coi badili e cominciarono a smuovere il materiale morto. Tolsero i mattoni, la calce, la sabbia, e misero a nudo la grossa pietra della cisterna.

Martino sonava ancor piú lento e triste.

Il medico, facendosi largo tra le donne inginocchiate sulla scala e sul pianerottolo, disse stringendo la sua canna sotto un braccio e il fazzoletto sotto l'altro:

- La terra ha un giusto di meno, e il cielo un santo di piú. Fu una congestione cerebrale.

Le donne cominciarono a rispondere alle preghiere dei morti, che il prete recitava nella stanza.

Non piangevano piú, per quella sicurezza morale che vien dal fatto compiuto e dalla convinzione che non resta piú nulla a sperare. La sicurezza di avere un santo di piú in paradiso rendeva quelle preghiere piú calde e confidenti. Non si sarebbe potuto distinguere se pregassero per don Antonio, o se già lo invocassero come un santo protettore.

Quando fu loro concesso, entrarono nella sua stanza in processione e, facendo il giro intorno al letto, baciarono le sue mani e i suoi piedi, toccarono le sue vesti, e si sparsero poi per tutta la casa, nello studiolo, lieti di immaginarlo vivo ancora, seduto nel suo seggiolone davanti a' suoi libri, che vollero toccare colla riverenza con cui si mette la mano sul messale.

Poi, pigliando il momento che l'acqua taceva un poco e che l'aria si schiariva nel sole. uscirono nel giardino e tutti colsero una rosa per memoria, che appuntarono al petto dopo averla baciata come una reliquia.

Quando Martino cambiò campana e suonò mezzodí, la folla si riversò nella piazzuola e prese a scendere verso le case per il desinare, non piú piangente; ma quasi consolata e lieta d'aver baciato le mani del santo.

Pareva una vera festa di maggio con tante rose in seno alle

belle ragazze.

Scendevano tutt'insieme, vecchi, ragazze e donne, verso il centro del villaggio, quando videro venire in su, sbuffando, pallido come un fantasma, il segretario che gridava:

- Indietro, indietro... lasciate passare!

Subito dopo la gente vide passare un grosso signore vestito di nero, avvolto in uno scialle: dietro di lui un altro signore piccolo, col cappello di pelo bianco arruffato, e dietro alcune guardie, e poi degli uomini che portavano una barella.

Portavano prete Cirillo a seppellire in terra sacra.

Made in the USA
Columbia, SC
24 March 2019